胡为民■著

"人工智能+"
行动指南

政策×技术×实战
破解大模型落地密码
赋能千行百业标杆案例

中国财经出版传媒集团

经济科学出版社
Economic Science Press

·北京·

图书在版编目（CIP）数据

"人工智能+"行动指南／胡为民著．--北京：经济科学出版社，2025.4. -- ISBN 978 - 7 - 5218 - 6866 - 1

Ⅰ. TP18

中国国家版本馆 CIP 数据核字第 2025PC9412 号

责任编辑：杜　鹏　常家凤
责任校对：徐　昕
责任印制：邱　天

"人工智能+"行动指南
"RENGONGZHINENG+"XINGDONG ZHINAN

胡为民　著

经济科学出版社出版、发行　新华书店经销
社址：北京市海淀区阜成路甲 28 号　邮编：100142
编辑部电话：010 - 88191441　发行部电话：010 - 88191522
网址：www. esp. com. cn
电子邮件：esp_bj@ 163. com
天猫网店：经济科学出版社旗舰店
网址：http://jjkxcbs. tmall. com
固安华明印业有限公司印装
710 × 1000　16 开　15. 25 印张　230000 字
2025 年 4 月第 1 版　2025 年 4 月第 1 次印刷
ISBN 978 - 7 - 5218 - 6866 - 1　定价：68. 00 元
（图书出现印装问题，本社负责调换。电话：010 - 88191545）
（版权所有　侵权必究　打击盗版　举报热线：010 - 88191661
QQ：2242791300　营销中心电话：010 - 88191537
电子邮箱：dbts@ esp. com. cn）

亲爱的读者朋友，当您翻开这本书，咱们便一同开启了一扇通往人工智能实战应用领域的大门，开启一场充满机遇与挑战的人工智能（Artificial Intelligence，AI）探索之旅。

2022 年 11 月 ChatGPT3.5 的问世，给各行各业带来了前所未有的震撼。笔者当时也深受触动，一度担忧公司业务是否会因此受到巨大冲击。毕竟，ChatGPT 不仅能够撰写方案，还能编写代码，而且在速度与质量上，都超越了多数人。这种忧虑萦绕心头，持续了整整一周。然而，经过一番冷静思考后，笔者意识到，与其在恐惧中徘徊不前，不如主动出击，积极拥抱这一新兴技术。于是，笔者全身心投入对大模型与传统人工智能融合之道的探索之中，致力于挖掘其在实际业务应用场景中的潜力，以及破解业务痛点的途径。

2023 年，我们有幸承接了深圳市中级人民法院人工智能辅助审判系统的研发项目。这一项目的获得，既有偶然因素，也有必然基础。说其偶然，是因为我们此前从未涉足法院审判业务领域，实属跨界之举；然而，必然之处在于，我们团队在内控合规领域深耕超过 20 年，对合规理念有着深刻且独到的理解。同时，我们在多源数据要素化治理以及运用算法实现事实与规则精准对齐等方面，积累了丰富的实践经验。而法院审判工作，始终遵循"以事实为依据、以法律为准绳"的原则，是一个典型的强合规场景。凭借着团队成员的不懈努力，经过大半年的艰苦奋战，人工智能辅助审判系统于 2024 年 7 月 1 日在深圳两级法院正式上线运行。截至 12 月 31 日，系统全面上线半年来，作为法官的"超级助理"，高效完成了 321 万次法官指令任务，在各办案决策环节，主动推送类似案例和相关知识 536.8 万条。在此期间，案件审理的规范性、裁判尺度的均衡性、释法说理的透彻性均得到了显著提升。全市法院上诉率同比下降 24.2%，一审裁判被发回重审或改判率下降 27.5%，申诉申请再审率下降 12.6%，平均结案时间大幅缩短 38 天。[①] 该项目在加速司法审判现代化进程以及助力新质生产力发展方面，作出了积极且富有成效的探索，引发了广泛的社会关注，并赢得了高度评价。新华社、人民日报、中央电视台、人民法院报等主流媒体纷纷进行了深入报道，同时还得到了深圳市委、最高人民法院主要领导的批示肯定。系统上线后，云南、上海、湖南、内蒙古等地的高级人民法院主要领导纷纷率队前来深圳法院调研交流。中国工程院外籍院士、香港中文大学（深圳）罗智泉教授在实地调研后评价道："该系统是唯一一个将大模型这一代人工智能技术与业务应用深度融合的产品。不仅在司法审判领域是领先的，在全国各行业场景上也是领先的。"[②] 从目前的情况来看，该项目已经取得了初步的成功。

在这一过程中，笔者也常常陷入思考：当大模型还处于神秘的云端阶段时，为何这样的应用能够率先在深圳落地生根？首先，这得益于深圳市委市政府营造的敢为天下先的改革创新氛围，以及深圳市政务服务和数据管理局、深圳市发展和改革委员会等职能管理部门对于人工智能应用的全方位大力支持。其次，更为关键的一点是，案多人少的矛盾在深圳法院尤

---

① 深圳市中级人民法院. 两会期间｜一图读懂市中级人民法院 2024 年工作报告［EB/OL］. 2025－02－26. https：//mp. weixin. qq. com/s/VbKvyW-eE5keJ89Ev9NRbw.

② 何奎. 在深圳，智赋未来［N］. 人民法院报，2024－08－29（01）.

为突出，面对这一困境，深圳法院主要领导毅然决然地肩负起时代赋予的历史责任，积极拥抱新一代人工智能技术，这种担当、勇气和智慧令人由衷钦佩。最后，深圳拥有一大批像迪博这样的"专精特新"重点小巨人科技企业，它们长期在细分领域默默耕耘，锐意进取，不断突破。深圳正凭借政策赋能的沃土、产业协同的生态，构建起覆盖基础层、技术层与应用层的人工智能全产业链。这或许正是深圳这片创新创业的沃土，能够孕育出如此突破性的前沿人工智能应用场景的关键所在。

随着深圳法院项目的广泛传播，前来调研学习的单位络绎不绝。在与他们的交流过程中，笔者深切感受到，还有很多人对大模型、对人工智能存在较大的认知误区。一种是"神话论"，认为只要有了大模型，便能解决一切问题；另一种是"无用论"，认为其无法解决实际问题，毫无用处。之所以会出现如此大的认知偏差，是因为相当多的人对大模型、人工智能的理念认知、基本原理、落地方法等方面存在诸多误解。幸运的是，我们的团队找到了一条正确的技术路线，确保了项目的高效推进，并取得了今天的显著成效。这正是笔者撰写本书的初衷，旨在将这种经过实践验证的认知与方法分享给大家，助力人工智能的加速普及应用，促进新质生产力的形成与发展。

当下，人工智能作为新一轮科技革命和产业变革的核心驱动力，已经上升为全球战略竞争的制高点和经济增长的新动能，深刻地重构着经济发展模式、社会治理体系和国际竞争格局。2024年政府工作报告首次明确提出实施"人工智能+"专项行动计划，这标志着我国已经将深化人工智能研发应用、构建国际领先的数字产业集群确立为重要的发展战略。2024年中央经济工作会议也明确提出，开展"人工智能+"行动，培育未来产业，以科技创新引领新质生产力发展。2025年，"人工智能+"行动再次被写进政府工作报告，强调要支持大模型广泛应用。习近平总书记在讲话中多次明确指出:"人工智能是引领新一轮科技革命和产业变革的战略性技术,具有溢出带动性极强的'头雁'效应。""加快发展新一代人工智能,是我国能否抓住新一轮科技革命和产业变革机遇的关键战略问题。""谁能率先把握大数据、人工智能等新经济发展机遇,谁就能精准把住时代脉搏,抢占发展先机。"①

我们必须清醒地认识到,"人工智能+"本质上是一场深刻的治理变革,其核心在于通过智能化手段驱动治理模式和治理效能实现质的跃迁。这一变革并非一蹴而就,而是遵循着明确的演进逻辑:首先,智能化必须建立在程序化、规范化和标准化的制度流程基础之上;其次,通过信息化改造形成数字化运行体系;最后,依托高质量数据资产实现智能跃迁。倘若缺乏扎实的底层架构建设,任何智能化转型都将成为空中楼阁,难以实现其应有的价值。

此外,人工智能的产业化应用具有显著的跨域整合特征。这就要求组织建立"双轮驱动"机制:一方面,需要决策层展现战略定力,由"一把手"亲自挂帅,主要领导组织推动,统筹资源配置,破除部门壁垒,将数据资产纳入战略资产管理范畴;另一方面,必须构建业务与技术的协同创新体系,避免"技术孤岛"与"业务黑箱"的割裂状态。唯有以具体业务场景痛点为切入点,推动 AI 技术从实验室原型向产业应用转化,方能实现技术价值的实质性释放,让人工智能真正发挥其在产业升级中的重要作用。

我们还应清晰地认识到,人工智能的实质是人的智能增强系统,其战略价值不在于替代人类,而在于构建"人机协同"的新型生产关系:通过接管程序化工作流释放人类创造力,通过智能系统实现专家级能力的大众

---

① 高文. 抢抓人工智能发展的历史性机遇(深入学习贯彻习近平新时代中国特色社会主义思想)[N]. 人民日报,2025 – 02 – 24(09).

化普及，让人类更有智慧。这种技术范式转换正在重塑劳动力价值结构，推动社会生产力向更高维度演进，为经济社会发展注入新的活力与动力。

　　本书正是为这场变革中的探索者量身打造，不堆砌晦涩难懂的艰深术语，也不空谈虚无缥缈的技术神话，而是聚焦人工智能落地应用的战略解码与实践范式，系统解构产业智能化升级的完整价值链条。书中内容涵盖三大价值维度：在政策认知层面，通过横向解析欧美英与中国人工智能发展的演进脉络，揭示全球 AI 监管范式从技术中立向风险本位的转型逻辑；在技术穿透层面，深入浅出地剖析深度学习、大模型、智能体等人工智能核心技术突破路径，让您在复杂的技术浪潮中迅速抓住关键脉络，理解前沿技术背后的逻辑与方法；在实施方法论层面，提炼出涵盖组织建设、理念宣贯、场景定位、技术选型、数据治理、模型迭代、系统集成、持续优化的八维实施框架，为您提供经验证的实用战术和避坑指南。书中还汇集了智慧司法、金融风控、国资监管等领域的丰富实战案例，让您亲眼见证 AI 如何将法官从繁杂的卷宗海洋中解脱出来，如何助力监管人员从公司披露信息和报送信息中精准嗅出风险信号……这些鲜活的实践案例，将为您勾勒出人工智能在不同行业落地生根的生动图景，启发您在自身领域中探索智能化转型的无限可能。

　　此刻，您或许正站在 AI 转型的十字路口，面临着诸多抉择与挑战。衷心希望本书能够成为您的行动指南。真正的智能革命，从来不是机器的单打独斗，而是人类用制度智慧驾驭技术力量的协同作战。当组织中的每个人都能够在 AI 的赋能下找到自己的定位和发展方向时，这场面向未来的变革就已经成功了一大半。

胡为民

2025 年 3 月

目 录
CONTENTS

第 1 章

政策护航：为人工智能划定前行航道

近年来，随着人工智能（Artificial Intelligence，AI）技术的迅猛发展及其对经济、社会、安全等多方面的深远影响，全球主要经济体纷纷将 AI 视为国家战略竞争的新高地，出台了系列政策法规以促进和规范这一关键技术领域的发展。美国、中国、英国、欧盟等国家和地区作为全球 AI 领域的领先力量，各自依据自身的产业基础、科研实力和社会需求，制定了具有针对性和前瞻性的政策措施，旨在抢占 AI 技术制高点，确保本国和地区在全球科技竞赛中的竞争优势。

本章主要介绍全球主要国家和地区近年来在推动人工智能产业发展方面的重要政策举措，了解各国家和地区在推动 AI 发展中的策略差异以及共同关注的核心议题，洞察全球 AI 发展的趋势和方向，为组织更好地规划战略，抓住机遇，应对挑战提供帮助。

1.1　国际人工智能政策前沿动向：全球竞逐，谁主沉浮？

　　人工智能（AI）技术的迅猛发展，正在重塑全球经济、政治和社会格局。作为新一轮科技革命的核心驱动力，AI 已成为各国争夺未来制高点的战略要地。美国、欧洲等发达国家和地区纷纷出台政策，试图在技术研发、产业应用和伦理治理等领域抢占先机，构建自身的竞争优势。其中，美国凭借其强大的科技实力和创新生态，率先发布《人工智能倡议》，旨在巩固其在全球 AI 领域的领导地位；欧盟则通过《人工智能法案》，强调"以人为本"的 AI 发展路径，力图在技术创新与伦理规范之间找到平衡；与此同时，英国、日本、加拿大等国家也相继推出国家级 AI 战略，试图在激烈的全球竞争中分得"一杯羹"。在这场全球竞逐中，谁将主导未来？政策的差异又将如何影响 AI 技术的走向？本节将聚焦美国、欧洲等主要国家和地区的 AI 政策前沿动向，剖析其战略布局与核心意图，为读者揭示全球 AI 竞争的深层逻辑与未来趋势。

1.1.1　AI 霸权争夺战：美国如何在高科技棋盘上步步为营？

　　美国的人工智能政策经历了从"技术优先"到"安全与创新并重"，再到"技术优先"的转变，始终围绕保持全球领导权这一核心目标展开。美国人工智能政策演进路径见图 1-1。

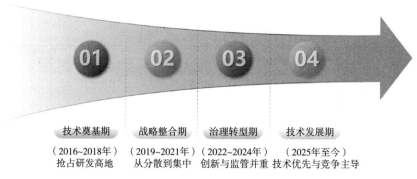

技术奠基期　战略整合期　治理转型期　技术发展期

（2016~2018年）（2019~2021年）（2022~2024年）　（2025年至今）
抢占研发高地　从分散到集中　创新与监管并重　技术优先与竞争主导

图1-1　美国人工智能政策演进路径

1. 技术奠基期（2016~2018年）：抢占研发高地

2016年，美国政府发布《国家人工智能研发战略计划》，首次将AI列为国家优先技术，强调基础研究与跨领域应用。这一阶段政策以"自由创新"为主基调，通过政府资助和开放数据推动技术突破，但尚未形成统一战略。

2. 战略整合期（2019~2021年）：从分散到集中

2019年，特朗普签署《美国人工智能倡议》，标志着美国AI政策从分散走向统筹。该政策以"五大支柱"（研发、数据、标准、人才、合作）为核心，明确将AI领导权与国家竞争力绑定。

3. 治理转型期（2022~2024年）：创新与监管并重

随着ChatGPT等生成式AI爆发式增长，AI的社会风险成为焦点。2022年，美国政府通过《芯片与科学法案》强化AI硬件基础（如半导体制造），同时发布《AI权利法案蓝图》，首次系统性提出保护公民免受算法歧视、隐私侵犯等问题的原则。同期，国防部 2018 年发布的《国防 AI 战略》在 2022 年更新，将 AI 深度融入军事体系（如无人作战系统），并提出"负责任 AI"原则，试图平衡技术优势与伦理争议。

2023 年 10 月，拜登签署《关于安全、可靠和可信 AI 的行政命令》，这是全球首个针对生成式 AI 的强制性监管框架，要求企业公开大模型训练数据、禁止 AI 生成生物武器设计，并由 NIST 制定安全测试标准。这一政策标志着美国从"纯粹技术驱动"转向"风险防控与创新并重"，直接回应公众对 AI 失控的担忧。

4. 技术发展期（2025 年至今）：技术优先与竞争主导

2025 年 1 月 20 日，特朗普再次当选美国总统，上任伊始，就宣布撤销拜登政府 2023 年签署的 AI 行政令，此举预示着美国 AI 发展战略可能迎来重大转向，美国 AI 政策可能重回"技术优先、竞争主导"的路线。

2025 年 1 月 21 日，特朗普宣布启动一项名为"星际之门"（Stargate）的庞大人工智能基础设施计划，预计将投入 5000 亿美元建设数据中心、计算设施等关键技术平台，旨在推动美国在全球科技竞争中的领先地位。特朗普表示，他将通过行政命令和紧急声明，为项目的能源基础设施建设提供全力支持，简化审批程序，加速项目推进。同时强调，这一项目将确保美国在 AI 领域的领导地位。这标志着美国再次进入了以 AI 为核心的新一轮科技和产业竞赛。

美国 AI 政策的逻辑与内在矛盾如下。

（1）技术霸权与伦理约束的博弈。

美国一方面通过巨额投资（如《芯片法案》的 520 亿美元及"星际之门"的 5000 亿美元）巩固 AI 产业链优势，另一方面又试图以"可信

AI"框架占据道德制高点，主导全球规则制定。

（2）地缘竞争的"双刃剑"。

对华技术封锁（如限制高端芯片出口）虽短期压制竞争对手，却也会加剧全球供应链碎片化，反噬美国企业利益。

（3）国内分歧。

科技巨头呼吁"轻监管"以保持创新活力，而社会团体则要求严控AI滥用（如深度伪造和监控），政府政策不得不在两者间寻求平衡。

特朗普再次上任后，美国AI政策的转向将带来更快的技术突破，但也可能加剧社会风险（如AI滥用）和国际紧张局势。尽管如此，美国AI战略的核心目标——保持全球领导权——将始终不变，只是实现路径因执政者风格而异。

1.1.2　AI规则的"欧洲标准"：欧盟如何在伦理与创新之间"走钢丝"？

欧盟在人工智能政策上更倾向于严格的监管和立法。2024年，欧洲议会、欧盟成员国和欧盟委员会三方就《人工智能法案》达成协议，该法案严格管控生成式人工智能的使用和发展，强调"以人为本，伦理先行"的原则。欧盟还试图在全球推行其人工智能监管标准，通过"游说闪电战"希望说服亚洲国家承认其在该领域的领先地位。

欧盟AI政策的演进脉络从"技术创新"到"伦理监管"，再到"全球规则制定"，体现了其独特的"价值观优先"路径。与美国的技术驱动和中国的应用导向不同，欧盟更注重通过立法和伦理框架确保AI技术的负责任使用。欧盟人工智能政策演进路径见图1-2。

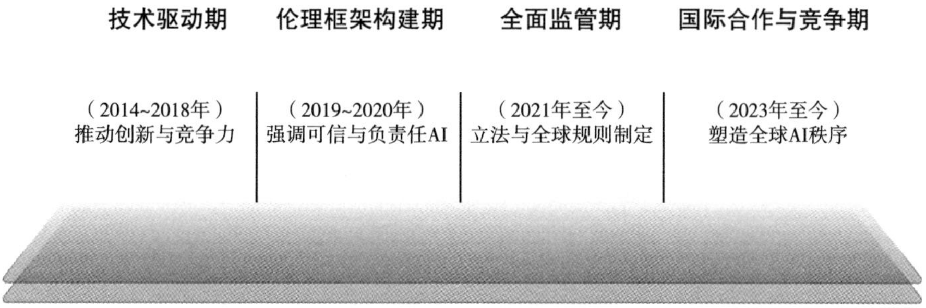

技术驱动期　　　伦理框架构建期　　　全面监管期　　　国际合作与竞争期

（2014~2018年）　（2019~2020年）　（2021年至今）　（2023年至今）
推动创新与竞争力　强调可信与负责任AI　立法与全球规则制定　塑造全球AI秩序

图 1 - 2　欧盟人工智能政策演进路径

1. 技术驱动期（2014 ~2018 年）：推动创新与竞争力

欧盟在 AI 领域起步较晚，面临美中两国的技术优势。为缩小差距，欧盟开始制定政策支持 AI 研发和应用。2014 年 1 月 1 日启动的"地平线 2020"计划，旨在整合欧盟各国的科研资源，投入大量资金支持 AI 研究，重点领域包括机器学习、机器人技术和智能制造。2018 年，欧盟委员会发布了《人工智能时代：确立以人为本的欧洲战略》，确立了 AI 发展的框架。同时，各成员国签署《人工智能合作宣言》，承诺加强 AI 研发合作，推动欧洲成为全球 AI 领导者。这一时期，欧盟 AI 政策的突出特点是：以技术创新为核心，强调通过资金支持和跨国合作提升竞争力。

2. 伦理框架构建期（2019 ~2020 年）：强调可信与负责任 AI

随着 AI 技术的快速发展，其社会影响（如算法歧视、隐私侵犯）引发广泛关注。欧盟开始将伦理问题纳入政策框架。2019 年，欧盟高级别专家组发布《可信人工智能伦理指南》，提出可信 AI 的七大原则，包括人类监督、技术稳健性、隐私保护等，并伴随 3 份指导文件推动各利益相关方参与监管。尽管这些措施依赖企业的自愿实施，但为后续更严格的法规奠定了基础。2020年，欧盟委员会发布《人工智能白皮书》，提出以"卓越生态系统"和"信任生态系统"为双支柱的AI战略，强调技术创新与伦理监管并重。这一时期，欧盟AI政策的主要特点是：从单纯追求技术突破转向构建伦理框架，确保AI发展符合欧洲价值观。

3. 全面监管期（2021年至今）：立法与全球规则制定

生成式AI（如ChatGPT）的爆发式增长加剧了社会风险，欧盟加速推进AI立法，试图成为全球AI监管的引领者。2021年，欧盟委员会提出了《人工智能法案》的立法建议，旨在建立一个全面的风险管理架构，覆盖AI产品的整个生命周期，并规定了责任划分原则。该法案还提议设立专门机构——欧洲人工智能委员会，以确保成员国执行法案。2022年，欧盟委员会进一步提交了《人工智能责任指令》和《产品责任指令》修订草案，明确了因AI缺陷造成损失的责任问题。2024年，欧洲议会最终通过了《人工智能法》，这是全球首部人工智能全面监管法律。法案将AI系统分为四类风险等级（从最小风险到不可接受风险），并制定相应监管措施。其中，高风险AI（如医疗诊断、招聘系统）需满足严格的技术和伦理要求，不可接受风险AI（如社会评分系统）需全面禁止。这一时期欧盟AI政策的主要特点是：通过立法建立强制性监管框架，强调风险分级管理和全球规则制定。

4. 国际合作与竞争期（2023年至今）：塑造全球AI秩序

近年来，欧盟意识到AI领域的全球竞争日益激烈，试图通过国际合作扩大影响力，同时应对美中技术优势。其推出了《欧盟－美国AI合作协议》，旨在推动跨大西洋AI合作，特别是在标准制定和伦理准则方面；

推出了"全球 AI 伙伴关系"倡议，旨在联合加拿大、日本等国家，推广欧盟的 AI 监管模式。这一时期欧盟 AI 政策的主要特点是：在加强内部监管的同时，积极推动国际合作，试图将欧盟的 AI 规则推广为全球标准。

欧盟 AI 政策的核心逻辑可以概括如下。

（1）价值观驱动：欧盟始终将人权、隐私和社会公正置于 AI 政策的核心，强调技术发展必须符合伦理原则。

（2）风险导向监管：通过《人工智能法案》等立法，欧盟建立了以风险分级为基础的监管体系，确保高风险 AI 系统受到严格管控。

（3）全球规则制定者：欧盟试图通过推广其监管模式，成为全球 AI 规则的制定者，平衡美中两国的技术优势。

未来，欧盟可能会继续强化其全球 AI 监管引领者的角色，但如何在创新与监管之间找到平衡，仍是其面临的主要挑战。

1.1.3　从"日不落"到"AI 不落"：英国如何在全球 AI 竞赛中重塑帝国荣光？

英国的 AI 政策演进脉络体现了其从"技术创新驱动"到"战略统筹与全球领导力塑造"的转变，强调技术创新与灵活监管并重。作为一个在 AI 领域具有深厚科研基础的国家，英国的政策始终围绕提升技术竞争力、推动经济发展和确保伦理安全展开。英国人工智能政策演进路径见图 1-3。

1. 技术驱动期（2010～2016 年）：科研优势与产业应用

英国在 AI 领域拥有世界领先的科研机构（如剑桥大学、牛津大学）和初创企业，但缺乏国家层面的战略统筹。2010 年，英国发布"数字经济战略"，将 AI 列为关键技术之一，支持 AI 在医疗、金融等领域的应用。2016 年的"机器人技术与人工智能"会议报告呼吁政府加大对 AI 研发的投资，并制定长期战略。这一时期英国 AI 政策的主要特点是：以科研优势和产业应用为核心，政策分散且缺乏系统性。

图 1-3　英国人工智能政策演进路径

2. 战略统筹期（2017~2020 年）：国家 AI 战略与伦理框架

意识到 AI 的战略重要性，英国开始制定国家层面的政策框架，以应对全球竞争（尤其是美中两国）。2017 年发布的《产业战略：建设适应未来的英国》将 AI 列为"四大挑战"之一，承诺投资 10 亿英镑支持 AI 研发，其关键目标之一就是让英国成为最具创新力的经济体，吸引全球人工智能人才，并提出将英国打造为全球人工智能中心的愿景。2018 年发布的《人工智能行业协议》，倡导政府与行业达成协议，推动 AI 技术商业化，并提出到 2030 年使英国成为全球 AI 领导者。2019 年发布的《理解人工智能伦理与安全：公共部门负责任地设计和实施人工智能系统的指南》，将人工智能伦理定义为"采用广泛接受的是非标准来指导技术开发和使用中的道德行为"，并提出了四个核心目标：一是合乎道德，确保技术应用符合社会价值观；二是公平与非歧视性，避免算法偏见和歧视性结果；三是值得公众信赖，增强透明度和可解释性；四是具有合理性，技术设计需具备科学和逻辑的稳健性，旨在平衡技术创新与社会风险。这一时期英国 AI 政策的主要特点是：从分散政策转向国家战略，强调技术创新与伦理安全并重。

3. 全球领导力塑造期（2021 年至今）：国际合作与监管框架

英国脱欧后，试图通过 AI 领域的国际合作提升全球影响力，同时应对技术快速发展带来的社会风险。2021 年，英国发布《人工智能路线图》，并在此基础上推出国家层面的《国家人工智能战略》和行动计划，提出三大支柱：一是投资与规划，支持 AI 基础研究和技术转化；二是伦理与治理，建立可信 AI 框架，确保技术安全可靠；三是国际合作，推动全球 AI 规则制定，提升英国领导力。2023 年发布的《创新型人工智能监管》提出"灵活监管"框架，强调通过现有机构（如竞争与市场管理局）监管 AI，而非设立专门机构，避免过度立法。同年，主办首届全球 AI 安全峰会，邀请美国、中国、欧盟等国家和地区参与，讨论 AI 风险与治理，推动国际规则制定，彰显其全球领导力野心。2024 年，英国发布《数字发展战略 2024－2030》，提出新的人工智能促进发展旗舰计划，旨在促进负责任的人工智能开发和应用，初期重点放在非洲。目标是到 2030 年，在非洲的大学建立或扩大至少 8 个负责任的人工智能研究实验室，并帮助至少 10 个伙伴国家建立健全人工智能监管框架，促进人工智能技术负责任、公平和安全地发展。这一时期英国 AI 政策的主要特点是：从国内战略转向全球领导力塑造，强调国际合作与灵活监管。

英国 AI 政策的核心逻辑如下。

（1）科研优势驱动：英国始终以强大的科研基础为依托，推动 AI 技术创新和产业应用。

（2）灵活监管：与欧盟的严格立法不同，英国更倾向于通过现有机构实施"轻触式"监管，以平衡创新与风险。

（3）全球领导力："脱欧"后，英国将 AI 视为提升国际影响力的关键领域，积极推动国际合作和规则制定。

与美国的技术驱动和欧盟的伦理优先不同，英国更注重通过灵活监管和国际合作提升全球影响力。未来，英国可能继续在 AI 领域扮演"桥梁"的角色，连接美欧两大阵营，但其在技术投资和产业规模上的相对劣势仍是主要挑战。

1.1.4　追赶者的奋起：各个国家纷纷步入 AI 赛道

德国、加拿大、澳大利亚、日本、韩国、新加坡等多个国家和地区都出台了具有影响力的人工智能政策，旨在推动技术创新、经济发展和社会进步。其中：

德国于 2023 年 11 月发布了《人工智能行动计划》，设定了三个总体目标，确定了 11 个核心行动领域，旨在将德国在人工智能领域的研究基础转化为显著的经济和社会效益，推动人工智能的广泛应用和技术创新。

加拿大于 2023 年审议通过《人工智能和数据法案》，旨在引导人工智能创新朝着积极方向发展，确保企业负责任地采用人工智能，保护公民免受潜在风险。2024 年 4 月，加拿大宣布了一揽子人工智能投资措施，总金额达 24 亿加元，具体包括算力和技术基础设施、初创企业支持、中小企业支持、技能培训、人工智能安全研究所、《人工智能和数据法案》执行。2024 年 7 月，加拿大宣布启动"人工智能计算主权战略"，计划投入

20 亿加元（其中，人工智能计算 7 亿加元、公共计算基础设施 10 亿加元、人工智能计算接入基金 3 亿加元），以确保其在人工智能领域的竞争力和自主创新能力。

澳大利亚于 2024 年相继发布了《自愿人工智能安全标准》《政府负责任地使用人工智能的政策》《隐私和人工智能合规指南》《AI 监管草案》，旨在促进人工智能的负责任使用，保护公民隐私和安全，同时推动技术的健康发展。

日本防卫省于 2024 年 7 月发布首个促进人工智能应用的基本政策，即《防卫省推进人工智能有效应用的基本方针》，提出人工智能技术发展应用的 7 个重点方向以及 8 项具体推进措施，以通过人工智能技术进一步改变日本国防的运行。

韩国国会于 2024 年 12 月通过了《人工智能发展和建立信任基本法》，成为继欧盟《人工智能法》（AI Act）之后全球第二部人工智能立法。该法案明确了事前认证、透明度保障措施、安全性保障措施、高影响 AI 运营者特殊要求及影响评估等义务，并对未在韩国设立实体的境外 AI 服务方且达到标准的，要求设立境内代表处并落实同等合规义务。

新加坡于 2023 年 12 月发布了《国家人工智能战略 2.0》，在"人工智能服务于公共利益、新加坡和世界"的愿景指导下，重点关注两大目标（卓越和赋权），并致力于通过三大系统（活动推手、人与社区、基础设施与环境）、十项抓手（行业、政府、科研机构、人才、能力、社区构建、计算、数据、可信环境、意见与行动领袖），以及十五项行动，为公众提供更好的服务、确保监管环境切合人工智能发展所需，同时使个人和企业具备能力与资源，能分别发挥所长。

1.2 中国人工智能政策新动向：东方智慧，引领未来

在当今全球科技的浪潮中，人工智能已然成为重塑世界格局的关键力量。中国，作为新兴科技的强国，正以蓬勃的朝气和坚定的决心，在 AI 领域崛起为一条巨龙。面对技术封锁与全球竞争的双重挑战，中国如何在自主创新的道路上披荆斩棘，同时在全球舞台上崭露头角，拓展属于自己的广阔天地？这是一场关乎技术突破、产业升级与国家战略的宏大叙事。中国正凭借强大的科研实力、丰富的应用场景和开放的国际合作姿态，书写着 AI 时代的传奇篇章，为全球科技发展贡献中国智慧，也为自身发展开辟崭新的未来。

1.2.1 AI 巨龙崛起：中国如何在技术自主与全球竞争中开疆拓土？

近年来，中国在推动人工智能（AI）产业发展方面展现出坚定的决心和系统的规划，从国家层面到重点城市，一系列政策举措相继出台，旨在构建一个有利于 AI 创新和应用的生态环境，确保中国在全球科技竞争中的领先地位。总体来看，中国人工智能政策的演进脉络体现了从"技术追赶"到"战略引领"的转变，核心目标是实现技术自主可控、推动产业升级，并在全球 AI 竞争中占据主导地位。中国人工智能政策演进路径见图 1 - 4。

技术追赶期	战略加速期	应用深化期	治理规范期
（2010~2016年） 科研布局与基础突破	（2017~2020年） 国家顶层设计与产业崛起	（2021~2022年） 场景驱动与伦理规范	（2023年至今） 安全优先与全球竞争
01	02	03	04

图 1 – 4　中国人工智能政策演进路径

1. 技术追赶期（2010 ~2016 年）：科研布局与基础突破

中国 AI 技术起步较晚，但凭借庞大的数据资源和互联网产业基础，开始积极布局基础研究。其中，《国家中长期科学和技术发展规划纲要（2006 – 2020 年）》将智能技术列为前沿领域，支持语音识别、计算机视觉等研究。2015 年，国家提出以信息技术与制造技术深度融合的数字化网络化智能化制造为主线，把智能制造作为两化深度融合的主攻方向，着力发展智能装备和智能产品，推进生产过程智能化，培育新型生产方式，全面提升企业研发、生产、管理和服务的智能化水平。同年，国务院进一步提出"互联网 +"行动计划，积极推动 AI 与制造业、医疗等领域融合，加速技术应用。这一时期中国 AI 政策的主要特点是：以科研投入为主，政策分散于科技规划及产业规划中，尚未形成国家战略。

2. 战略加速期（2017 ~2020 年）：国家顶层设计与产业崛起

随着 AlphaGo 事件引发全球 AI 热潮，中国将 AI 上升为国家战略，与美国展开技术竞争。2017 年《新一代人工智能发展规划》的发布，成为中国 AI 发展的里程碑文件，标志着 AI 政策进入国家战略阶段。规划提出

"三步走"目标：2020 年，实现 AI 总体技术与世界先进水平同步；2025 年，AI 基础理论实现重大突破；2030 年，成为全球 AI 创新中心。2020 年发布的"新基建"政策，将 AI 纳入七大新型基础设施，推动数据中心、5G 网络等建设。同年发布的《国家新一代人工智能标准体系建设指南》，旨在加强人工智能领域标准化顶层设计，推动人工智能产业技术研发和标准制定，促进产业健康可持续发展。这一时期，中国 AI 政策的主要特点是，明确国家主导的 AI 发展路径，强调技术自主（如芯片、算法）与产业落地（如智能制造、智慧城市）。

3. 应用深化期（2021~2022 年）：场景驱动与伦理规范

随着 AI 技术进入商业化爆发期，数据滥用、算法垄断等问题引发监管关注。2021 年发布的《中华人民共和国数据安全法》和《中华人民共和国个人信息保护法》，旨在规范 AI 训练数据使用，限制跨境数据流动。同年提出的《新一代人工智能伦理规范》，提出"增进人类福祉、公平公正、安全可控"等原则。2022 年发布的《互联网信息服务算法推荐管理规定》，成为全球首个针对算法推荐的监管法规，要求平台公开算法原理并禁止"大数据杀熟"。同年印发的《关于加快场景创新以人工智能高水平应用促进经济高质量发展的指导意见》，以推动场景资源开放、提升场景创新能力为方向，统筹推进人工智能场景创新，着力解决人工智能重大应用和产业化问题，全面提升人工智能发展质量和水平。这一时期，中国 AI 政策的主要特点是：从"重技术"转向"重治理"，平衡创新与风险，防范技术滥用。

4. 治理规范期（2023 年至今）：安全优先与全球竞争

生成式 AI（如 ChatGPT）的崛起加剧了技术失控风险，中美博弈向 AI 领域延伸。2023 年发布的《生成式人工智能服务管理暂行办法》，是全球首个专门监管生成式 AI 的法规，要求内容合规、数据标注可追溯，并实施备案审核制。同年提出的《全球人工智能治理倡议》，强调发展人工智能应坚持相互尊重、平等互利的原则，共同构筑安全稳定、畅通高效、开放包容、互利共赢的全球产业链供应链体系，推动全球人工智能治理朝着更公正和公平的方向迈进。同时，"东数西算"工程优化算力资源布局，将东部数据需求与西部清洁能源结合，支撑 AI 大模型训练。科技自立自强战略提出加大对国产 AI 芯片（如华为昇腾）、开源框架（如百度 PaddlePaddle）的支持，应对美国技术封锁。《国家人工智能产业综合标准化体系建设指南（2024 版）》进一步细化了 AI 标准体系建设的具体要求，增强了法律的可操作性和执行力，支持 AI 产业高质量发展。这一时期，中国 AI 政策的主要特点是：以安全为核心，强化自主技术生态，同时通过"一带一路"输出 AI 标准（如智慧城市方案）。

中国 AI 政策的核心逻辑如下。

（1）政府主导：通过顶层设计和集中资源（如国家实验室、产业基金）快速突破技术瓶颈。

（2）应用导向：优先推动 AI 在实体经济（制造业、农业）和民生领域（医疗、交通）落地，强调"技术服务于社会"。

（3）安全与自主可控：防范外部技术依赖（如高端芯片）和内部数据风险，构建"双循环"技术生态。

（4）全球规则博弈：通过参与国际标准制定（如 ITU、ISO）和"数字丝绸之路"，扩大 AI 技术影响力。

中国 AI 政策从"跟随者"逐渐转向"规则制定者"，其路径与美国的技术霸权竞争、欧盟的伦理优先形成鲜明对比。凭借创新能力、庞大的应用场景、政策执行力和市场体量，中国必将是全球 AI 竞争中最具颠覆性的力量。

1.2.2　北上深杭等重点城市 AI 发展领先布局

北京、上海、深圳、杭州等作为中国人工智能发展的"领头羊"，积极响应国家政策，在地方层面制定了详细且具有特色的 AI 发展政策，以促进本地人工智能产业的快速成长和技术应用。

1. 北京：科技创新的"智慧引擎"

作为中国的科技创新中心，北京在 AI 领域具有显著的科研和产业优势，致力于成为全球人工智能创新策源地，依托其丰富的科研资源和大模型创新基础，推动建设 AI 原生城市，近年来发布的主要政策如下。

《北京市推动"人工智能＋"行动计划（2024－2025 年）》：明确到 2025 年底，通过实施 5 个标杆型应用工程、10 个示范性应用项目、推广一批商业化应用成果，力争形成 3~5 个基础大模型产品、100 个行业大模型产品和 1000 个行业成功案例。依托首都优势资源，围绕机器人、教育、医疗、文化、交通 5 个领域组织实施重大应用工程。

《北京市加快建设具有全球影响力的人工智能创新策源地实施方案（2023－2025 年）》：致力于打造具有全球影响力的人工智能创新策源地，推动人工智能核心技术突破和产业高质量发展。

《北京市促进通用人工智能创新发展的若干措施》（2023 年）：针对提升算力资源统筹供给能力、提升高质量数据要素供给能力、系统构建大模型等通用人工智能技术体系、推动通用人工智能技术创新场景应用、探索营造包容审慎的监管环境五大方向，提出 21 项具体措施，旨在充分发挥政府引导作用和创新平台催化作用，整合创新资源，加强要素配置，营造创新生态，重视风险防范，推动本市通用人工智能领域实现创新引领和理性健康发展。

其他政策：北京还通过设立市级人工智能产业投资基金，支持人工智能底层基础算力，对智算中心建设和企业使用算力给予高额资金支持。

2. 上海：金融与科技的"融合先锋"

上海作为中国的经济金融中心，AI 政策注重产业生态构建和国际化合作，致力于建成世界级人工智能产业生态，近年来发布的主要政策如下。

《上海市促进工业服务业赋能产业升级行动方案（2024 – 2027 年)》：提出推动服务型制造深入发展。聚焦战略性新兴产业重点领域，支持制造企业围绕强链补链、生态建设、定制化服务等，培育营收 10 亿元以上、服务能力突出的平台企业 50 家，其中具有国际影响力的独角兽企业 5 家以上。全方位提高产业智能化水平。围绕工业企业数智化，打造不少于 100 家面向中小企业的数字化、智能化转型服务平台；培育不少于 100 家具有全国影响力的工业互联网专业服务商；吸引不少于 100 家人工智能大模型生态企业在"模速空间"集聚，着力打造一流大模型企业。

《上海市推动人工智能大模型创新发展若干措施（2023 – 2025 年)》：围绕创新能力、创新要素、创新应用、创新环境四大方向，重点打造三项计划加五大平台，支持在智能制造、生物医药、集成电路、智能化教育教学、科技金融等领域构建示范应用场景。

《关于人工智能"模塑申城"的实施方案》（2024 年）：重点加强基础底座赋能、关键领域应用、重点行业赋能、产业生态构建、国际合作与人才培养，到 2025 年底，建成世界级人工智能产业生态，力争全市智能算力规模突破 100EFLOPS，形成 50 个左右具有显著成效的行业开放语料库示范应用成果，建设 3 ~ 5 个大模型创新加速孵化器，建成一批上下游协同的赋能中心和垂直模型训练场。

《上海市促进人工智能产业发展条例》（2022 年）：旨在推动人工智能产业高质量发展，打造具有国际影响力的"上海高地"。主要措施包括：加强算力基础设施建设，支持算法创新和开源平台发展；推动人工智能在经济、生活、城市治理等领域的深度融合应用；鼓励高校、科研机构和企业开展基础研究和关键技术研发；完善人才培养和引进机制，提供金融支持和政策保障；同时，注重伦理和监管，确保人工智能应用符合法律和伦理规范。

其他政策：上海设立了首期 100 亿元的人工智能产业基金，支持人工智能产业化落地应用，对重大专项项目给予高额资金支持；通过智慧城市建设项目促进 AI 技术的应用和发展，例如，G60 科创走廊作为产业腹地，主要投资于智能家居、智能驾驶和智能医疗等领域。

3. 深圳：产业创新的"科技先锋"

深圳作为中国的科技创新前沿城市，其在人工智能领域的战略定位是打造全球人工智能先锋城市，并致力于构建全域全时全场景应用。深圳 AI 政策注重技术突破和产业应用，近年来发布的主要政策文件如下。

《深圳市加快打造人工智能先锋城市行动计划》（2025－2026 年）：把握人工智能前沿发展态势，发挥深圳产业链完备、机电一体化、应用场景丰富等优势，坚持场景牵引、创新驱动、软硬协同、生态赋能的原则，深入实施"人工智能＋"行动，加速形成全域全时全场景应用深圳样板，打造具有国际竞争力的智能硬件产品集群，构筑富有吸引力的人工智能人才聚集地。

《深圳市加快打造人工智能先锋城市行动方案》（2024 年）：提出建设国产人工智能生态源头创新中心。配置国产算力及算法、算子库、数据库、工具链、模型库等工具，形成 2 个行业大模型，赋能 50 家企业打造典型应用场景。鼓励企业、高校、科研院所共建国产人工智能联合实验室，形成一批"人工智能＋"行业解决方案。支持成立粤港澳大湾区人工智能产业联盟。

《深圳市打造人工智能先锋城市的若干措施》（2024 年）：通过丰富生态要素供给、深化人工智能赋能千行百业、提升源头创新能力、优化产业发展环境等四个方面共 18 项具体措施，推动深圳成为人工智能领域的先锋城市。其中提出，支持人工智能行业应用。每年投入最高 1 亿元，围绕先进制造业、现代服务业和科学研究等重点领域，推动人工智能赋能千行百业。对具有推广价值的示范应用项目，按不超过项目建设主体实际投入的 30％，给予最高 200 万元资助；对具有引领作用的标杆应用项目，可提高资助标准，给予最高 1000 万元资助。

《深圳市加快推动人工智能高质量发展水平应用行动方案（2023 – 2024 年）》：侧重支持创新平台建设与技术科研攻关，对相关项目给予高额资金支持，并从强化智能算力集群供给、增强关键核心技术与产品创新能力、提升产业集聚水平、打造全域全时场景应用、强化数据和人才要素五个方面提出 14 条具体措施。

其他政策：深圳还通过设立 1000 亿元规模的人工智能产业投资基金，支持人工智能企业的发展；建立急需紧缺人才目录并动态更新，强化市场发现、市场认可、市场评价为基础的人才评价体系，构建人工智能人才评价机制，在核心技术领域靶向引进领军型人才团队；列明了 10 个人工智能产业示范，涉及深圳高新区、深港科技创新合作区、罗湖、盐田、宝安、龙华等多个区域，旨在培育梯次发展的产业集群，涵盖基础层的核心智能芯片和智能传感器技术。

4. 杭州：数字经济的"智慧高地"

杭州作为中国数字经济的重要城市，近年来在人工智能领域成绩斐然。DeepSeek 火遍全球，登顶中美苹果应用商店下载榜，其训练成本低、性能强，引发全球关注。同时，宇树科技的人形机器人 H1 登上春晚舞台，表演赛博秧歌，展示了 AI 技术在机器人领域的应用。这些成就背后，是杭州一系列政策推动的结果。杭州积极出台政策支持 AI 技术创新、产业集聚和应用落地，致力于打造全国算力成本洼地、模型生态最优城市和人工智能产业发展高地，近年来发布的主要 AI 政策如下。

《杭州市人工智能全产业链高质量发展行动计划（2024－2026 年）》：围绕高水平实施"人工智能＋"行动和数字经济创新提质"一号发展工程"，以算力普惠供给为驱动，以模型创新突破为关键，以数据有序流通为支撑，以场景融合应用为牵引，构建人工智能全产业链推进体系，为高水平重塑全国数字经济第一城、奋力推进"两个先行"提供有力支撑。目标是到 2026 年，全市智能算力集群规模在国内同类城市中领先，形成基础通用大模型 1 个以上、行业专用模型 20 个以上，建成人工智能特色产业园区 10 个，集聚开源模型生态企业 1000 家以上，努力打造全国算力成本洼地、模型生态最优城市和人工智能产业发展高地。

《支持人工智能全产业链高质量发展的若干措施》（2024 年）：从算力设施建设、模型开放生态、赋能实体经济、全产业链发展、人才队伍支撑五个方面提出 14 项具体举措。这包括支持算力技术攻关，对符合政策规定的项目给予资助；扩容"算力券"发放；加大融资贴息支持力度；支持模型合规备案及开源社区建设；支持公共创新平台建设；打造细分领域产业集群等。

《关于加快推进人工智能产业创新发展的实施意见》（2023）：提出以

促进人工智能与实体经济深度融合为主线，以优质算力普惠供给为基础，以模型即服务（MaaS）模式变革为关键，以场景应用为牵引，全力构建从算法模型创新突破到行业转化应用的创新体系，实现大算力孵化大模型、大模型带动大产业、大产业促进大发展的良性循环，为高水平重塑全国数字经济第一城、奋力推进"两个先行"提供有力支撑。到 2025 年，基本形成"高算力＋强算法＋大数据"的产业生态，将杭州市打造成为全国算力成本洼地、模型输出源地、数据共享高地，人工智能创新应用水平全国领先、国际先进。

《建设杭州国家人工智能创新应用先导区行动计划（2022－2024 年）》（2022 年）：推动杭州建设国家人工智能创新应用先导区，重点发展人工智能核心技术突破、产业生态构建、应用场景拓展和数据要素流通。通过优化算力资源布局、推动大模型技术创新、建设人工智能特色产业园区、加强人才培养和引进、优化投融资环境等措施，打造具有国际竞争力的人工智能产业高地。

其他政策：杭州通过举办人工智能创新大赛等活动，对获奖选手给予人才认定支持。同时，鼓励企业与高校院所共建人工智能研究院和人才实训基地，提升人才实践能力。

总体来看，北上深杭等主要城市的 AI 政策具有以下特点。

北京。作为中国的首都和科技创新中心，北京在人工智能政策方面具有引领性。其政策注重基础研究与前沿技术的突破，依托高校和科研机构的资源优势，推动人工智能与多学科的交叉融合。同时，北京还通过政策引导，促进人工智能在智慧城市、金融科技等领域的应用，打造具有全球影响力的人工智能创新高地。

上海。上海的政策聚焦于人工智能产业的国际化与高端化发展。凭借其金融、航运等领域的优势，上海积极推动人工智能在金融风险防控、智能交通等场景的应用。此外，上海还通过建设人工智能产业园区，吸引国内外顶尖企业和人才，打造人工智能产业集群。

深圳。深圳的政策以全产业链布局和应用创新为核心。其通过出台《深圳市打造人工智能先锋城市的若干措施》等政策，降低企业研发成本，推动人工智能与电子信息制造、金融科技等优势产业的深度融合。深圳还注重从芯片到操作系统的全栈自研，致力于解决底层"卡脖子"问题。

杭州。杭州的政策着重于产业生态的培育和创新。其发布的系列政策主要优化了 AI 产业布局，推动了 AI 产业的集群化发展。同时，杭州依托浙江大学、西湖大学等高校和科研机构，打造了高水平的创新平台，为人工智能企业提供了强大的研发支持。

北上深杭四地政策各有侧重：北京强技术、上海重开放、深圳抓制造、杭州拓生态。深圳需在保持制造业优势的同时，借鉴杭州的生态聚合经验，通过政策引导企业协同、场景开放与数据共享，进一步释放"AI＋制造"潜力，巩固其作为全国人工智能产业高地的地位。

第 2 章

原理探秘：揭开新一代
人工智能的"神秘面纱"

人工智能（AI）作为 21 世纪最具革命性的技术之一，正以惊人的速度改变着我们的生活、工作和社会。从早期的逻辑推理到如今的深度学习与大模型，AI 的发展历程不仅是一部技术演进史，更是一部人类智慧与机器智能交织的创新史诗。

本章将带领读者深入探索人工智能的核心原理，揭开其背后的"神秘面纱"，追溯从符号主义到智能体的技术发展脉络，展现 AI 如何从简单的规则驱动走向复杂的自主决策。本章不仅是对 AI 技术演进的回顾，更是对未来的展望。通过理解这些核心原理，我们可以更好地把握 AI 的发展方向，探索其在更多领域的潜力与应用。让我们一同踏上这段探索之旅，揭开新一代人工智能的神秘面纱。

2.1　追溯新一代人工智能的发展之路：从梦想到现实

在过去的几十年里，人工智能（AI）的发展之路就像一场跌宕起伏的奇幻冒险，经历了多次重大的范式转变，每一次都像是解锁了新的魔法技能，让人们对它充满了新的期待。早期的符号主义试图通过逻辑和规则模拟人类思维，而专家系统则将这一理念推向实际应用。随着数据量的爆炸式增长和计算能力的提升，机器学习逐渐成为 AI 的主流方法，尤其是深度学习的崛起，使得 AI 在图像、语音、自然语言处理等领域取得了突破性进展。近年来，大模型的兴起更是将 AI 的能力推向了一个新的高度，而智能体技术的发展则赋予了 AI 行动与决策的能力。新一代人工智能发展历程见图 2 – 1。

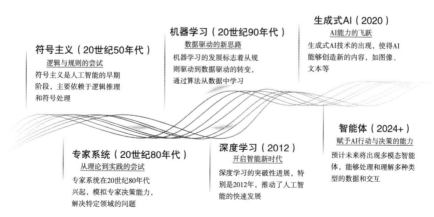

图 2 – 1　新一代人工智能发展历程

2.1.1 早期的符号主义：逻辑与规则的尝试

在人工智能的早期，人们试图用一种非常"正经"的方式来模拟人类的思维，这就是符号主义。想象一下，在你面前有一堆积木，每一块积木都代表一个概念、一个逻辑规则，比如"如果看到红色的苹果，就想到它是甜的"。符号主义的科学家们就像是在搭建一个巨大的逻辑城堡，他们试图把人类的所有知识都拆解成这样的逻辑规则，然后让计算机按照这些规则去思考和解决问题。这种方法听起来很靠谱，毕竟人类的思维似乎就是通过逻辑推理来工作的。然而，现实很快给了他们当头一棒。人类的思维远比他们想象的要复杂得多，很多问题根本无法用简单的逻辑规则来描述。例如，你怎么用逻辑规则来描述"什么是美"或者"什么是爱"呢？这些模糊、复杂的情感和概念，让符号主义的逻辑城堡在面对现实世界的复杂性时显得有些不堪一击。

2.1.2 专家系统的崛起：从理论到实践的尝试

不过，科学家们并没有放弃。他们开始尝试将符号主义的理念应用到一些更具体的领域，于是专家系统应运而生。专家系统就像是一个装满了专业知识的"智能盒子"，比如医疗专家系统，它把医生的诊断知识和经验都编成了规则，当输入病人的症状时，它就能像一个真正的医生一样给出诊断建议。这种应用在一些领域确实取得了不错的成果，比如在化学、地质等领域，专家系统能够帮助人们快速地分析数据、作出决策。然而，专家系统也有它的局限性。它需要大量的专业知识来编写规则，而且这些规则一旦写好就很难修改。更重要的是，它只能在自己熟悉的领域里工作，一旦遇到新的问题或者新的领域，它就无能为力了。就好比一个只会做红烧肉的厨师，你让他去做寿司，他可能就"抓瞎"了。

2.1.3　机器学习的兴起：数据驱动的新思路

正当符号主义和专家系统在各自的道路上艰难前行时，一场新的变革悄然兴起。随着互联网的普及，数据开始像洪水一样涌来，海量的信息让人们意识到，也许可以换一种思路来解决人工智能的问题——让机器自己去学习。这就是机器学习的诞生。机器学习就像是给计算机装上了一个"学习大脑"，它不再需要人类事先编写好所有的规则，而是通过大量的数据来"训练"自己。例如，你给它看成千上万张猫的照片，告诉它"这是猫"，然后它就会自己总结出猫的特征，下次再看到一张猫的照片，它就能认出来。这种方法听起来很神奇，但其实原理并不复杂。就像我们小时候学习走路一样，一开始总是摔倒，但通过不断地尝试和失败，我们学会了如何保持平衡。机器学习也是这样，通过不断地调整自己的算法，让它在数据中找到规律，从而变得越来越聪明。

2.1.4　深度学习的突破：开启智能新时代

机器学习的发展为人工智能带来了新的希望，但真正让 AI 一飞冲天的，是深度学习的崛起。深度学习就像是机器学习的"升级版"，它引入了一种叫作"神经网络"的结构，这种结构模仿了人脑的神经元连接方式。想象一下，在你面前有一个巨大的蜘蛛网，每一个节点都代表一个神经元，它们通过复杂的连接相互影响。当数据输入这个网络时，它会像电流一样在神经元之间传递，经过层层的处理和分析，最终得出结果。深度学习的强大之处在于，它能够自动地从数据中提取特征，而不需要人类事先告诉它"猫有四条腿"或者"苹果是红色的"。这让它在处理复杂的图像、语音和自然语言处理问题时表现得异常出色。例如，在图像识别方面，深度学习模型能够轻松地识别出照片中的各种物体，甚至比人类的眼睛还要敏锐；在语音识别方面，它能够准确地听懂人类的语言，把语音转换成文字；在自然语言处理方面，它能够理解人类的语言逻辑，甚至能够生成一些看起来很像人类写的文本。深度学习的出现，让人工智能在很多领域都取得了突破性的进展，仿佛一夜之间，AI 从一个懵懂的学徒变成了一个技艺高超的工匠。

2.1.5 大模型的崛起：AI 能力的飞跃

然而，人工智能的发展并没有就此止步。近年来，大模型的兴起更是将 AI 的能力推向了一个新的高度。大模型就像是一个拥有海量知识和超强计算能力的"超级大脑"，它通过在海量的数据上进行训练，掌握了人类语言的精髓。你可以把它想象成一个读过无数书籍、经历过无数故事的智者，它能够回答各种各样的问题，甚至能够写出优美的诗歌、构思出精彩的故事。大模型的出现，让人工智能的应用场景变得更加广泛。它不仅可以用于简单的问答和文本生成，还可以在科研、教育、医疗等领域发挥巨大的作用。例如，在科研领域，它可以辅助科学家进行数据分析和理论推导；在教育领域，它可以为学生提供个性化的学习方案；在医疗领域，它可以协助医生进行疾病诊断和治疗方案的制订。大模型的出现，让人工智能从单一的工具变成能够为人类社会带来全方位变革的力量。

2.1.6　智能体技术的发展：赋予 AI 行动与决策的能力

与此同时，智能体技术的发展也为人工智能注入了新的活力。智能体就像是一个拥有自主意识和行动能力的"机器人"，它不仅能够感知环境、理解信息，还能够根据自己的目标作出决策并采取行动。想象一下，你有一个智能助手，它能够根据你的日程安排自动提醒你开会、帮你预订机票，甚至能够在复杂的交通环境中为你规划最优的出行路线。智能体技术的发展，让人工智能从一个被动的工具变成了一个能够主动与人类互动、为人类提供服务的伙伴。它在智能家居、自动驾驶、工业自动化等领域都有广泛的应用。例如，在智能家居中，智能体可以根据你的生活习惯自动调节温度、灯光和电器设备；在自动驾驶中，智能体能够感知路况、作出决策并控制车辆行驶；在工业自动化中，智能体能够优化生产流程、提高生产效率。智能体技术的发展，让人工智能真正拥有了"行动力"，能够更好地服务于人类社会。

回顾人工智能的发展之路，从早期的符号主义到专家系统，再到机器学习、深度学习、大模型和智能体技术，每一次范式转变都像是在为人工智能的"魔法城堡"添砖加瓦。虽然在这个过程中，人工智能也遇到了很多困难和挑战，但它始终在不断地进步和发展。如今，人工智能已经渗透我们生活的方方面面，从手机上的语音助手到自动驾驶汽车，从智能客服到医疗诊断系统，它正在以一种前所未有的速度改变着我们的世界。未来，人工智能还将继续探索新的领域、解锁新的技能，也许有一天，它真的会成为人类最得力的助手，甚至超越人类的智慧。不过，无论它未来会如何发展，有一点是肯定的：人工智能的发展之路还将继续，而我们也将在这场奇幻冒险中见证更多令人惊叹的奇迹。

2.2　符号主义：人工智能的"逻辑导航者"

符号主义（Symbolism）是人工智能领域的一个重要流派，它的核心理念是：人类的智能活动本质上是对符号的操作。符号主义者认为，通过将知识表示为符号，并设计规则来操作这些符号，就可以模拟人类的思维过程。这种思想在人工智能的早期发展中占据了主导地位，并为专家系统、自然语言处理等领域奠定了基础。

2.2.1　符号主义的基本原理

符号主义的核心思想可以用一句话概括："思维即符号操作"。它认为，人类的认知过程本质上是对符号的处理，而智能则是通过符号之间的逻辑关系来实现的。符号主义的关键原理见图 2-2。

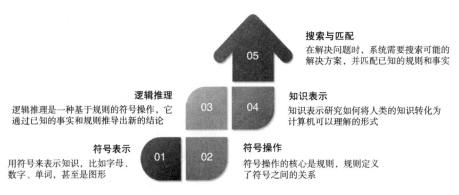

图 2-2　符号主义的关键原理

1. 符号表示

符号主义认为，知识可以用符号来表示。符号可以是任何有意义的东西，比如字母、数字、单词，甚至是图形。例如，在数学中，数字"1"和"＋"是符号，它们组合起来可以表示"1＋1＝2"这样的知识。

在人工智能中，符号通常用来表示事实、规则和概念。例如，在专家系统中，符号可以用来表示"如果患者有发烧，那么可能是感染"这样的规则。

2. 符号操作

符号主义强调，智能活动是通过对符号的操作来实现的。这些操作包括推理、搜索、匹配、表示、处理等。例如，在逻辑推理中，系统可以通过符号操作从已知的事实推导出新的结论。

符号操作的核心是规则。规则定义了符号之间的关系，比如"如果A，那么B"。通过应用这些规则，系统可以从一个符号推导出另一个符号，从而实现推理。

3. 逻辑推理

符号主义的一个重要特征是它对逻辑推理的依赖。逻辑推理是一种基于规则的符号操作，它通过已知的事实和规则推导出新的结论。例如，在数学中，我们可以通过逻辑推理从"1＋1＝2"和"2＋2＝4"推导出"1＋1＋2＝4"。

在人工智能中，逻辑推理被广泛应用于专家系统、自然语言处理等领域。例如，在医疗诊断系统中，系统可以通过逻辑推理从患者的症状推导出可能的疾病。

4. 知识表示

符号主义认为，知识是智能的基础，而知识可以用符号来表示。知识表示是符号主义的核心问题之一，它研究如何将人类的知识转化为计算机可以理解的形式。

常见的知识表示方法包括逻辑表示法、语义网络、框架等。例如，在语义网络中，知识可以用节点和边来表示，节点表示概念，边表示概念之间的关系。

5. 搜索与匹配

符号主义强调，智能活动通常涉及搜索和匹配。例如，在解决问题时，系统需要搜索可能的解决方案，并匹配已知的规则和事实。搜索和匹配是符号操作的重要组成部分。例如，在国际象棋中，计算机需要搜索可能的走法，并匹配已知的棋局模式，从而选择最佳的走法。

2.2.2 符号主义的主要特征

1. 符号化思维

符号主义认为，人类的思维过程本质上是符号化的。它强调，通过将知识表示为符号，并设计规则来操作这些符号，就可以模拟人类的思维过程。

2. 逻辑驱动

符号主义的核心是逻辑推理。它强调，智能活动是通过逻辑规则来实现的。例如，在专家系统中，系统通过逻辑推理从已知的事实推导出新的结论。

3. 显式知识表示

符号主义强调，知识必须是显式的，即可以用符号明确表示。这种显式表示使得知识可以被计算机理解和处理。

4. 规则导向

符号主义依赖于规则来指导符号操作。规则定义了符号之间的关系，比如"如果 A，那么 B"。通过应用这些规则，系统可以实现推理和决策。

5. 模块化设计

符号主义通常采用模块化的设计方法。例如，专家系统通常由知识库、推理引擎和用户界面等模块组成。这种模块化设计使得系统更易于开发和维护。

6. 透明性

符号主义的一个显著特征是它的透明性。由于知识是用符号明确表示的，系统的推理过程可以被清晰地解释。例如，在医疗诊断系统中，系统可以列出支持诊断的所有规则和事实。

2.2.3 符号主义的应用案例

符号主义在人工智能的早期发展中占据了主导地位，并为许多领域奠定了基础。以下是一些典型的应用案例。

1. 专家系统

专家系统是符号主义的典型代表。它通过将人类专家的知识表示为符号，并设计规则来操作这些符号，从而模拟专家的决策过程。例如，MY-CIN 是一个早期的医疗诊断系统，它通过符号操作诊断细菌感染并推荐抗生素治疗方案。

2. 自然语言处理

符号主义在自然语言处理中也有广泛应用。例如，早期的机器翻译系统通过将句子分解为符号，并设计规则来操作这些符号，从而实现翻译。虽然现代自然语言处理更多地依赖于统计和机器学习方法，但是符号主义的思想仍然在某些任务中发挥作用。

3. 逻辑编程

逻辑编程是符号主义的一个重要应用。例如，Prolog 是一种基于逻辑的编程语言，它通过符号操作实现推理。Prolog 被广泛应用于人工智能、知识表示和专家系统等领域。

4. 语义网络

语义网络是一种基于符号的知识表示方法。它通过节点和边来表示概念及其关系。例如，在知识图谱中，语义网络被用来表示实体之间的关系，从而支持智能搜索和推理。

5. 自动定理证明

自动定理证明是符号主义的一个重要应用领域。它通过符号操作和逻辑推理，自动证明数学定理。例如，早期的自动定理证明系统通过符号操作证明了数学中的一些经典定理。

2.2.4 符号主义的未来发展方向

尽管符号主义在人工智能的早期发展中占据了主导地位，但其也具有明显的缺点，例如，过于依赖人工构建的知识库，知识获取耗时且昂贵；缺乏学习能力；难以处理不确定性和模糊性等。随着机器学习和深度学习的兴起，它的地位有所下降。然而，符号主义仍然在某些领域发挥着重要作用，并且正在与机器学习等技术结合，探索新的发展方向。以下是一些可能的未来方向。

1. 符号主义与机器学习的结合

符号主义和机器学习各有优缺点，将它们结合起来可以取长补短。例如，符号主义可以提供透明的推理过程，而机器学习可以处理不确定性和模糊性问题。

2. 知识图谱

知识图谱是一种基于符号的知识表示方法，它通过节点和边来表示实体及其关系。知识图谱在智能搜索、推荐系统等领域有广泛应用。

3. 可解释人工智能

随着人工智能技术的普及，可解释性变得越来越重要。符号主义的透明性使其在可解释人工智能中具有潜在的应用价值。

符号主义是人工智能领域的一个重要流派，它的核心理念是"思维即符号操作"。通过将知识表示为符号，并设计规则来操作这些符号，符号主义试图模拟人类的思维过程。尽管符号主义在处理复杂问题和模糊性方面存在局限性，但它的透明性、逻辑性和知识表示能力使其在专家系统、自然语言处理等领域发挥了重要作用。未来，符号主义可能会与其他技术相结合，探索新的发展方向，为人工智能的进步发展作出更大的贡献。

2.3　专家系统：人工智能的"智慧智库"

专家系统（Expert System）就像是一个"数字版"的行业老手，它把人类专家的知识和经验打包进电脑程序，专门用来解决特定领域的问题。你可以把它想象成一个"智能顾问"，随时待命，帮你出谋划策。

2.3.1　专家系统的基本原理

专家系统的核心原理可以概括为"知识＋推理＝决策"。它通过模仿人类专家的思维方式，利用知识库和推理引擎来解决复杂问题。专家系统的核心组成见图 2 - 3。

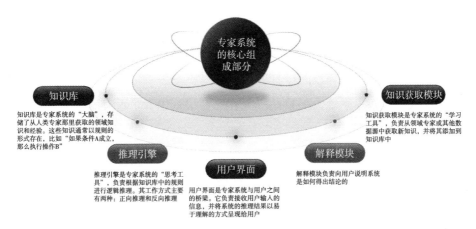

图 2 - 3　专家系统的核心组成

1. 知识库（Knowledge Base）

知识库是专家系统的"大脑"，存储了从人类专家那里获取的领域知识和经验。这些知识通常以规则的形式存在，比如"如果条件 A 成立，那么执行操作 B"。例如，在医疗诊断系统中，知识库可能包含这样的规则："如果患者有发烧、咳嗽和呼吸困难，那么可能是肺炎。"

知识库的构建是专家系统开发中最关键的一步，通常需要领域专家和知识工程师的紧密合作。领域专家提供专业知识，而知识工程师则负责将这些知识转化为计算机能够理解和处理的形式。

2. 推理引擎（Inference Engine）

推理引擎是专家系统的"思考工具"，负责根据知识库中的规则进行逻辑推理。它通过分析用户输入的数据，结合知识库中的规则，逐步推导出结论。推理引擎的工作方式主要有以下两种。

正向推理（Forward Chaining）：从已知的事实出发，逐步推导出结论。例如，如果系统知道患者有发烧和咳嗽，它会根据规则推断出可能的疾病。

反向推理（Backward Chaining）：从目标出发，反向寻找支持目标的条件。例如，如果系统需要诊断肺炎，它会检查患者是否有发烧、咳嗽等症状。

推理引擎的灵活性决定了专家系统的智能化程度，优秀的推理引擎能够处理复杂的逻辑关系，甚至能够处理不确定性和模糊信息。

3. 用户界面（User Interface）

用户界面是专家系统与用户之间的桥梁。它负责接收用户输入的信息，并将系统的推理结果以易于理解的方式呈现给用户。用户界面可以是简单的文本输入输出，也可以是图形化的交互界面，甚至可以是语音对话系统。一个好的用户界面能够显著提升用户体验，使专家系统更加易于使用。

4. 解释模块（Explanation Module）

专家系统的一个独特特征是它能够解释自己的推理过程。解释模块负责向用户说明系统是如何得出结论的。例如，当系统诊断出患者患有肺炎时，它可以列出支持这一结论的所有症状和规则。这种透明性不仅增强了用户对系统的信任，还为用户提供了学习的机会。

5. 知识获取模块（Knowledge Acquisition Module）

知识获取模块是专家系统的"学习工具"，负责从领域专家或其他数据源中获取新知识，并将其添加到知识库中。随着知识的不断积累，专家系统的性能会逐渐提升。

2.3.2　专家系统的主要特征

1. 专业性

专家系统通常专注于某个特定领域，比如医疗诊断、金融分析、故障排除等。它的知识库和推理规则都是针对该领域设计的，因此能够提供高度专业化的建议。

2. 透明性

专家系统不仅能够提供答案，而且能够解释其推理过程。这种透明性使用户能够理解系统的决策依据，从而增强对系统的信任。

3. 高效性

专家系统能够在短时间内处理大量信息，并快速给出解决方案。它的效率远高于人类专家，尤其是在处理复杂问题时。

4. 稳定性

专家系统不会像人类一样受到情绪、疲劳等因素的影响，能够始终保持稳定的性能。

5. 可扩展性

专家系统的知识库可以不断更新和扩展，随着新知识的加入，系统的性能会不断提升。

6. 普及性

专家系统能够将稀缺的专家知识普及到更广泛的人群中。例如，一个医疗诊断系统可以让偏远地区的患者也能享受到顶级专家的诊断服务。

2.3.3 专家系统的应用案例

专家系统在许多领域中都有广泛的应用，以下是一些典型的案例。

1. 医疗诊断

专家系统在医疗领域的应用最为著名。例如，MYCIN 是早期的一个医疗诊断系统，专门用于诊断细菌感染并推荐抗生素治疗方案。它能够根据患者的症状和实验室检测结果，快速给出诊断建议。

另一个例子是 IBM 的 Watson for Oncology，它利用自然语言处理和机器学习技术，分析大量的医学文献和病例数据，为癌症患者提供个性化的治疗方案。

2. 金融分析

在金融领域，专家系统被用于风险评估、投资决策和信用评级。例如，一些银行使用专家系统来评估贷款申请人的信用风险。系统会根据申请人的收入、负债、信用记录等信息，结合知识库中的规则，给出是否批准贷款的建议。

3. 故障诊断与维修

专家系统在工业领域的应用也非常广泛。例如，通用电气（GE）开发了一个名为 DELTA 的专家系统，用于诊断火车机车的故障。系统能够根据机车的运行数据和故障现象，快速定位问题并提供维修建议。

4. 农业管理

专家系统在农业中的应用也取得了显著成效。例如，一些农业专家系统能够根据土壤条件、气候数据和作物生长周期，为农民提供种植建议。这些系统能够帮助农民优化资源利用，提高作物产量。

5. 教育领域

专家系统在教育领域的应用主要体现在智能辅导系统上。例如，一些数学辅导系统能够根据学生的学习情况，动态调整教学内容和难度。系统会分析学生的答题记录，找出其薄弱环节，并提供针对性的练习。

6. 法律咨询

在法律领域，专家系统被用于法律咨询和案件分析。例如，一些法律专家系统能够根据用户提供的案件信息，快速检索相关法律条文，并给出初步的法律建议。

7. 环境保护

专家系统在环境保护领域的应用也日益增多。例如，一些系统能够根据气象数据、污染源信息和地理信息，预测空气质量变化，并为政府制定环保政策提供支持。

2.3.4 专家系统的未来发展方向

随着人工智能技术的不断发展，专家系统也在不断进化。以下是专家系统未来可能的发展方向。

1. 与机器学习结合

传统的专家系统依赖于人工构建的知识库，而现代机器学习技术能够从数据中自动学习知识。将专家系统与机器学习结合，可以显著提升系统的智能化水平。

2. 处理不确定性和模糊信息

现实世界中的问题往往具有不确定性和模糊性。未来的专家系统需要能够处理这些复杂情况，比如通过引入模糊逻辑或概率推理。

3. 多领域协同

未来的专家系统可能会突破单一领域的限制，实现多领域知识的协同应用。例如，一个医疗诊断系统可能会结合生物学、化学、物理学等多个领域的知识。

4. 人机协作

专家系统未来的一个重要方向是增强与人类的协作能力。例如，系统可以作为一个智能助手，帮助人类专家完成复杂的决策任务。

专家系统是人工智能技术在实际应用中的一次成功尝试。它通过模拟人类专家的决策过程，为各行各业提供了高效、专业的解决方案。专家系统的发展经历了从早期的简单模型到现代复杂系统的演变。早期系统如 DENDRAL 项目奠定了专家系统的基础。随着人工智能技术的进步，现代专家系统结合了大数据、机器学习和深度学习技术，能够处理更复杂的问题。尽管专家系统在某些方面还存在局限性，但随着技术的不断进步，它的应用前景将更加广阔。未来，专家系统将会更加智能化、自动化，与物联网、区块链等技术深度融合，从而为人类社会带来更大的价值。

2.4　机器学习：人工智能的"智能教练"

机器学习（Machine Learning）是人工智能领域的一颗璀璨明珠，它的核心思想是让计算机从数据中"学习"，而不是通过明确的编程指令来完成任务。可以把机器学习想象成一个"数据炼金术士"，它从海量的数据中提炼出规律，并用这些规律来预测未来、分类信息，甚至作出决策。无论是推荐喜欢的电影，还是识别照片中的猫，机器学习的影子无处不在。

2.4.1　机器学习的基本原理

机器学习的核心原理可以用一句话概括："从数据中学习规律，并用规律解决问题"。它通过分析大量的数据，自动发现其中的模式，并将这些模式应用于新的数据中。机器学习的关键原理见图 2 – 4。

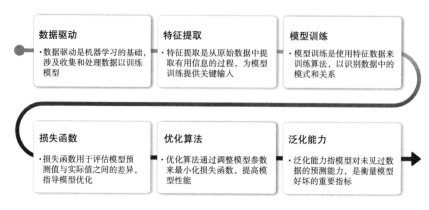

图 2-4　机器学习的关键原理

1. 数据驱动

机器学习的基础是数据。没有数据，机器学习就像没有燃料的发动机，无法运转。数据可以是任何形式的信息，比如文本、图像、音频、视频等。例如，在图像识别中，数据就是大量的图片；在语音识别中，数据就是大量的语音片段。

数据的质量直接决定了机器学习的效果。高质量的数据就像新鲜的食材，能够烹饪出美味的菜肴；而低质量的数据则可能导致模型"消化不良"，无法得出准确的结果。

2. 特征提取

特征是从数据中提取的有用信息。例如，在图像识别中，特征可以是颜色、形状、纹理等；在文本分类中，特征可以是单词、短语、语法结构等。

特征提取是机器学习的关键步骤之一。好的特征能够帮助模型更好地理解数据，从而提高预测的准确性。例如，在识别猫的照片时，提取"耳朵形状"和"胡须长度"等特征可能比提取"背景颜色"更有用。

3. 模型训练

模型是机器学习的核心工具，它通过学习数据中的规律，建立一个从输入到输出的映射关系。例如，在房价预测中，模型可以通过学习历史房价数据，建立一个从房屋面积、地理位置到房价的映射关系。模型训练的过程就像教一个学生解题，你给模型提供大量的例题（数据），并告诉它正确答案（标签），模型通过不断调整自己的"解题思路"（参数），最终学会如何解决类似的问题。

4. 损失函数

损失函数是衡量模型预测结果与真实结果之间差距的工具。它的作用就像考试中的评分标准，帮助模型知道自己做得对不对。例如，在房价预测中，损失函数可以计算模型预测的房价与实际房价之间的误差。

模型训练的目标就是最小化损失函数。通过不断调整参数，模型可以逐步减少误差，从而提高预测的准确性。

5. 优化算法

优化算法是模型训练的"引擎"，它通过调整模型的参数，逐步减少损失函数的值。常见的优化算法包括梯度下降、随机梯度下降等。优化算法的过程就像爬山。模型的目标是找到损失函数的最低点（即最优解），而优化算法则帮助模型一步步接近这个目标。

6. 泛化能力

泛化能力是指模型在未见过的数据上的表现。一个好的模型不仅要在训练数据上表现良好，还要能够适应新的数据。例如，一个房价预测模型不仅要在历史数据上表现准确，还要能够预测未来的房价。泛化能力是衡量模型优劣的重要标准。如果模型在训练数据上表现得很好，但在新数据上表现得很差，那么就说明它"过拟合"了，即过度依赖训练数据中的噪声和细节。

2.4.2　机器学习的主要特征

1. 自动化

机器学习的最大特点就是自动化。它能够从数据中自动学习规律，而不需要人工编写复杂的规则。例如，在图像识别中，机器学习可以自动学习如何区分猫和狗，而不需要人工定义"猫有尖耳朵，狗有圆耳朵"这样的规则。

2. 数据依赖性

机器学习的性能高度依赖数据的质量和数量。更多的数据通常意味着更好的模型，但前提是数据必须具有代表性和多样性。例如，在训练一个语音识别模型时，如果数据只包含某一种方言，模型可能无法识别其他方言。

3. 可扩展性

机器学习模型可以处理大规模的数据，并且能够随着数据的增加不断改进。例如，推荐系统可以通过分析用户的行为数据，不断优化推荐结果。

4. 适应性

机器学习模型可以根据新的数据不断调整自己，从而适应变化的环境。例如，在金融领域，模型可以根据市场的变化，动态调整投资策略。

5. 多样性

机器学习涵盖了多种算法和技术，包括监督学习、无监督学习、强化学习等。每种方法都有其独特的优势和适用场景。例如，监督学习适用于有标签的数据，而无监督学习适用于无标签的数据。

2.4.3　机器学习的应用案例

机器学习已经在许多领域中展现了其强大的能力。以下是一些典型的应用案例。

1. 推荐系统

推荐系统是机器学习的一个经典应用。例如，Netflix 通过分析用户的观看历史，推荐他们可能喜欢的电影；亚马逊通过分析用户的购买记录，推荐他们可能需要的商品。

2. 图像识别

图像识别是机器学习的另一个重要应用。例如，Facebook 通过机器学习自动识别照片中的人物；自动驾驶汽车通过机器学习识别道路上的行人、车辆和交通标志。

3. 自然语言处理

机器学习在自然语言处理中也有广泛应用。例如，谷歌翻译通过机器学习实现多语言翻译；智能助手（如 Siri、Alexa）通过机器学习理解用户的语音指令。

4. 医疗诊断

机器学习在医疗领域的应用也取得了显著成效。例如，IBM 的 Watson for Oncology 通过分析大量的医学文献和病例数据，为癌症患者提供个性化的治疗方案。还有一些系统能够通过分析 X 光片或 CT 扫描图像，自动识别病变区域，提高诊断的准确性和效率。

5. 金融风控

机器学习在金融领域的应用包括风险评估、欺诈检测等，帮助金融机构有效降低风险。例如，银行通过机器学习评估贷款申请人的信用风险；信用卡公司通过机器学习检测异常交易，防止欺诈行为。

6. 智能交通

机器学习在智能交通中的应用包括交通流量预测、路径规划等。例如，谷歌地图通过机器学习预测交通拥堵，并为用户提供最优路线，提高交通安全和行进效率。

2.4.4 机器学习的未来发展方向

机器学习是 AI 界的一名"吃货"，它通过"吃"数据来学习规律，并用这些规律来解决问题。它的核心是数据驱动、自动学习、模型多样性，但它也有数据质量依赖、过拟合、"黑箱"性等缺点。尽管机器学习在图像识别、自然语言处理、推荐系统等领域取得了巨大成功，但它依然面临着许多挑战。未来，随着技术的不断进步，机器学习可能会结合更多的技术，向更智能、更高效的方向发展。以下是一些可能的未来方向。

1. 深度学习

深度学习是机器学习的一个分支，它通过模拟人脑的神经网络，处理更复杂的任务。例如，深度学习在图像识别、语音识别等领域取得了突破性进展。

2. 自动化机器学习（AutoML）

自动化机器学习旨在简化机器学习的流程，使非专家用户也能轻松使用机器学习技术。例如，AutoML 可以自动选择模型、调整参数，从而减少人工干预。

3. 联邦学习

联邦学习是一种分布式机器学习方法，它允许多个设备在不共享数据的情况下协同训练模型。例如，手机用户可以通过联邦学习共同训练一个语音识别模型，而不需要上传个人数据。

4. 可解释人工智能

随着机器学习模型的复杂性增加，其决策过程变得越来越难以理解。可解释人工智能旨在提高模型的透明性，使用户能够理解模型的决策依据。

机器学习是人工智能领域的一颗璀璨明珠，它通过从数据中学习规律，解决了传统编程难以应对的复杂问题。无论是推荐系统、图像识别，还是医疗诊断、金融风控，机器学习都在为人类社会的发展贡献力量。尽管机器学习在某些方面还存在局限性，但随着技术的不断进步，它的应用前景将更加广阔。未来，机器学习将变得更加智能化、自动化，为人类社会的发展贡献更多的智慧。

2.5 深度学习：人工智能的"深度驱动器"

深度学习（Deep Learning）是机器学习的一个分支，它通过模拟人脑的神经网络，处理更复杂的任务。可以把深度学习想象成一个"超级大脑"，它由无数个"神经元"组成，能够从海量的数据中提取出深层次的特征，并用这些特征来解决图像识别、语音识别、自然语言处理等复杂问题。深度学习的出现，让许多曾经被认为只有人类才能完成的任务，变得可以由机器来实现了。

2.5.1　深度学习的基本原理

深度学习的核心原理可以用一句话概括："通过多层神经网络，从数据中学习深层次的特征"。它通过模拟人脑的神经网络，构建一个多层的"信息加工厂"，每一层都对数据进行不同程度的抽象和处理。深度学习的关键原理见图 2 − 5。

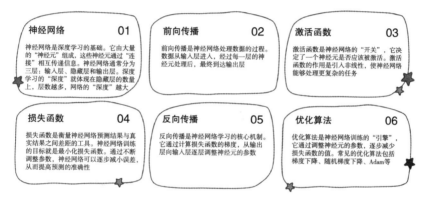

神经网络　　01
神经网络是深度学习的基础。它由大量的"神经元"组成，这些神经元通过"连接"相互传递信息。神经网络通常分为三层：输入层、隐藏层和输出层。深度学习的"深度"就体现在隐藏层的数量上，层数越多，网络的"深度"越大

前向传播　　02
前向传播是神经网络处理数据的过程。数据从输入层进入，经过每一层的神经元处理后，最终到达输出层

激活函数　　03
激活函数是神经网络的"开关"，它决定了一个神经元是否应该被激活。激活函数的作用是引入非线性，使神经网络能够处理更复杂的任务

损失函数　　04
损失函数是衡量神经网络预测结果与真实结果之间差距的工具。神经网络训练的目标就是最小化损失函数。通过不断调整参数，神经网络可以逐步减小误差，从而提高预测的准确性

反向传播　　05
反向传播是神经网络学习的核心机制。它通过计算损失函数的梯度，从输出层向输入层逐层调整神经元的参数

优化算法　　06
优化算法是神经网络训练的"引擎"，它通过调整神经元的参数，逐步减少损失函数的值。常见的优化算法包括梯度下降、随机梯度下降、Adam 等

图 2 − 5　深度学习的关键原理

1. 神经网络

神经网络是深度学习的基础。它由大量的"神经元"组成，这些神经元通过"连接"相互传递信息。可以把神经网络想象成一个巨大的蜘蛛网，每个节点（神经元）都负责处理一部分信息，并将结果传递给下一个节点。

神经网络通常分为三层：输入层、隐藏层和输出层。输入层负责接收数据，隐藏层负责处理数据，输出层负责生成结果。深度学习的"深度"就体现在隐藏层的数量上，层数越多，网络的"深度"越大。

2. 前向传播

前向传播是神经网络处理数据的过程。数据从输入层进入，经过每一层的神经元处理后，最终到达输出层。例如，在图像识别中，输入层接收图像的像素值，隐藏层提取图像的特征（如边缘、纹理等），输出层生成图像的类别（如猫、狗等）。

前向传播的过程就像一条流水线，每一层都对数据进行不同程度的加工，最终生成成品。

3. 激活函数

激活函数是神经网络的"开关"，它决定了一个神经元是否应该被激活。常见的激活函数包括 Sigmoid、ReLU、Tanh 等。激活函数的作用是引入非线性，使神经网络能够处理更复杂的任务。

例如，ReLU 函数就像一个"过滤器"，它只允许正数通过，而将负数归零。这种非线性特性使得神经网络能够学习到更复杂的模式。

4. 损失函数

损失函数是衡量神经网络预测结果与真实结果之间差距的工具。它的作用就像考试中的评分标准，帮助神经网络知道自己做得对不对。例如，在图像分类中，损失函数可以计算神经网络预测的类别与实际类别之间的误差。

神经网络训练的目标就是最小化损失函数。通过不断调整参数，神经网络可以逐步减少误差，从而提高预测的准确性。

5. 反向传播

反向传播是神经网络学习的核心机制。它通过计算损失函数的梯度，从输出层向输入层逐层调整神经元的参数。反向传播的过程就像老师批改作业，不仅告诉学生哪里错了，还告诉他们如何改正。

例如，在图像分类中，如果神经网络将猫误判为狗，反向传播会调整相关神经元的参数，使得下一次更有可能正确地分类。

6. 优化算法

优化算法是神经网络训练的"引擎"，它通过调整神经元的参数，逐步减少损失函数的值。常见的优化算法包括梯度下降、随机梯度下降、Adam 等。

优化算法的过程就像爬山。神经网络的目标是找到损失函数的最低点（即最优解），而优化算法则帮助神经网络一步步接近这个目标。

2.5.2 深度学习的主要特征

1. 多层次的特征提取

深度学习的最大特点就是它能够从数据中提取多层次的特征。例如，在图像识别中，第一层可能提取边缘特征，第二层可能提取纹理特征，第三层可能提取物体形状特征。这种多层次的特征提取使得深度学习能够处理更复杂的任务。

2. 端到端的学习

深度学习通常采用端到端的学习方式，即直接从原始数据中学习到最终结果，而不需要人工设计特征。例如，在语音识别中，深度学习可以直接从音频信号中学习到文本，而不需要人工提取音频特征。

3. 大规模数据处理能力

深度学习能够处理大规模的数据，并且能够随着数据的增加不断改进。例如，在图像识别中，深度学习可以通过分析数百万张图片，不断提高识别的准确性。

4. 强大的泛化能力

深度学习模型通常具有较强的泛化能力，即能够在未见过的数据上表现良好。例如，在自然语言处理中，深度学习模型可以通过学习大量的文本数据，理解新的句子。

5. 高度灵活性

深度学习模型可以根据任务的需求灵活调整结构。例如，在图像识别中，可以使用卷积神经网络（CNN）；在自然语言处理中，可以使用循环神经网络（RNN）或 Transformer。

2.5.3 深度学习的应用案例

深度学习已经在许多领域中展现了其强大的能力。以下是一些典型的应用案例。

1. 图像识别

图像识别是深度学习的一个经典应用。例如，Facebook 通过深度学习自动识别照片中的人物；自动驾驶汽车通过深度学习识别道路上的行人、车辆和交通标志。

2. 语音识别

深度学习在语音识别中也有广泛应用。例如，智能助手（如 Siri、Alexa）通过深度学习理解用户的语音指令；语音翻译系统通过深度学习实现多语言翻译。

3. 自然语言处理

深度学习在自然语言处理中的应用包括机器翻译、文本生成、情感分析等。例如，谷歌翻译通过深度学习实现高质量的翻译；GPT-3 通过深度学习生成流畅的文本。

4. 医疗诊断

深度学习在医疗领域的应用也取得了显著成效。例如，深度学习模型可以通过分析医学影像（如 X 光片、CT 扫描）诊断疾病；IBM 的 Watson for Oncology 通过深度学习为癌症患者提供个性化的治疗方案。

5. 游戏 AI

深度学习在游戏 AI 中的应用包括游戏角色控制、游戏策略优化等。例如，AlphaGo 通过深度学习击败了世界顶级围棋选手；OpenAI 的 Dota 2 AI 通过深度学习战胜了职业玩家。

2.5.4　深度学习的未来发展方向

尽管深度学习在图像识别、语音识别、自然语言处理等领域取得了巨大成功，但它依然面临着许多挑战。例如，对数据的依赖性，深度学习的性能高度依赖于数据的质量和数量，如果数据不足或质量差，模型的表现可能会大打折扣；对计算资源需求高，深度学习模型通常需要大量的计算资源（如 GPU、TPU）进行训练，这可能导致高昂的成本；存在"黑箱"问题，深度学习模型的决策过程通常难以解释，这可能导致用户对其结果持怀疑态度；存在过拟合风险，深度学习模型可能会过度依赖训练数据中的噪声和细节，导致在新数据上表现不佳。

随着技术的不断进步，深度学习正在向更智能、更高效的方向发展。以下是一些可能的未来方向。

1. 自监督学习

自监督学习是一种无须人工标注数据的学习方法。它通过从数据中自动生成标签，减少对人工标注的依赖。例如，在自然语言处理中，自监督学习可以通过预测句子中的缺失单词来学习语言模型。

2. 联邦学习

联邦学习是一种分布式学习方法，它允许多个设备在不共享数据的情况下协同训练模型。例如，手机用户可以通过联邦学习共同训练一个语音识别模型，而不需要上传个人数据。

3. 可解释人工智能

随着深度学习模型的复杂性增加，其决策过程变得越来越难以理解。可解释人工智能旨在提高模型的透明性，使用户能够理解模型的决策依据。

4. 强化学习与深度学习的结合

强化学习通过与环境的交互学习最优策略，而深度学习则擅长处理高维数据。将两者结合，可以解决更复杂的任务。例如，AlphaGo 就是通过深度强化学习击败了世界顶级围棋选手。

深度学习是 AI 界的一位超级"吃货"，相比传统的机器学习，它更"能吃"、更"会吃"。它通过模拟人脑的神经网络，解决了传统机器学习难以应对的复杂问题。无论是图像识别、语音识别，还是自然语言处理、医疗诊断，深度学习都在为人类社会的发展贡献力量。尽管深度学习在某些方面还存在局限性，但随着技术的不断进步，它将实现更加强大的智能化、自动化，为人类社会带来更大的价值，成为人类生活中不可或缺的伙伴。

2.6 　 大模型：人工智能的"思维巨擘"

大模型（Large Models）是人工智能领域的一个重大突破，它们以其庞大的规模和强大的能力，正在改变我们与技术互动的方式。与深度学习相比，大模型更注重模型的规模和数据量，通过海量数据和庞大参数，学习复杂的模式和规律。可以把大模型想象成一个"超级图书馆"，它存储了无数的知识和信息，能够根据用户的需求，快速找到并生成所需的内容。无论是聊天机器人、智能助手，还是自动翻译、内容生成，大模型的影子无处不在。

2.6.1 大模型的基本原理

大模型的核心原理可以用一句话概括："通过海量数据和庞大参数，学习复杂的模式和规律"。它们通过模拟人脑的神经网络，构建一个多层的"信息加工厂"，每一层都对数据进行不同程度的抽象和处理。大模型的关键原理见图2-6。

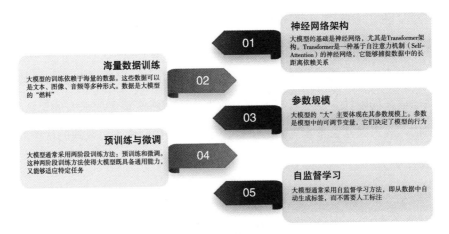

图2-6　大模型的关键原理

1. 神经网络架构

大模型的基础是神经网络，尤其是 Transformer 架构。Transformer 是一种基于自注意力机制（Self-Attention）的神经网络，它能够捕捉数据中的长距离依赖关系。例如，在自然语言处理中，Transformer 可以理解句子中不同单词之间的关系，即使它们相隔很远。可以把 Transformer 想象成一个"超级读者"，它能够同时关注一篇文章中的每一个单词，并理解它们之间的关联。

也可以把大模型的"神经网络"想象成一个复杂的蜘蛛网，每一个节点都连接着其他节点，形成了一个庞大的信息处理系统。当输入一个问题时，这个蜘蛛网会迅速激活相关的节点，通过复杂的计算和分析，找到最合适的答案。

2. 海量数据训练

大模型的训练依赖于海量的数据。这些数据可以是文本、图像、音频等多种形式。例如，GPT（Generative Pre-trained Transformer）系列模型通过分析互联网上的大量文本数据，学习语言的规律。

数据是大模型的"燃料"，没有数据，大模型就像没有汽油的汽车，无法运转。高质量的数据能够帮助模型学习到更准确的规律，而低质量的数据则可能导致模型"学坏"。

3. 参数规模

大模型的"大"主要体现在其参数规模上。参数是模型中的可调节变量，它们决定了模型的行为。例如，GPT－4 据说有 1.76 万亿个参数，分布在 16 个专家模型中，每个 MLP 专家大约有 1110 亿个参数。这些参数通过训练数据不断调整，最终使其在多模态处理、复杂任务执行以及生成更精确和连贯的文本方面表现出色。

可以把参数想象成模型中的"旋钮"，每一个旋钮都控制着模型的一部分行为。通过调整这些旋钮，模型可以学习到复杂的模式和规律。

4. 预训练与微调

大模型通常采用两阶段训练方法：预训练和微调。

预训练：模型在大量通用数据上进行训练，学习通用的模式和规律。例如，GPT 模型通过预训练学习语言的语法、语义等知识。

微调：模型在特定任务的数据上进行微调，以适应具体的应用场景。例如，在医疗领域，模型可以通过微调学习医学术语和诊断知识。

这种两阶段训练方法使得大模型既具备通用能力，又能够适应特定任务。

5. 自监督学习

大模型通常采用自监督学习方法，即从数据中自动生成标签，而不需要人工标注。例如，在自然语言处理中，模型可以通过预测句子中的缺失单词来学习语言模型。

自监督学习使得大模型能够利用互联网上的海量数据，而不需要昂贵的人工标注。

2.6.2 大模型的主要特征

1. 规模庞大

大模型最显著的特征就是其庞大的规模。它们通常由数十亿甚至数万亿个参数组成，能够处理极其复杂的任务。例如，DeepSeek－V3 总参数量达到 6710 亿，其中每个 token 激活 370 亿参数。

2. 通用性强

大模型通常具备很强的通用性，能够处理多种任务。例如，GPT 系列模型不仅可以生成文本，还可以进行翻译、问答、摘要生成等任务。这种通用性使得大模型在多个领域中都有广泛应用。

3. 上下文理解能力

大模型能够理解上下文信息，从而生成连贯的文本或作出合理的决策。例如，在对话系统中，模型可以根据之前的对话内容，生成符合语境的回复。

4. 多模态能力

一些大模型具备多模态能力，即能够处理多种类型的数据（如文本、图像、音频等）。例如，OpenAI 的 CLIP 模型能够同时理解文本和图像，从而实现图像分类、文本生成等任务。

5. 生成能力

大模型通常具备强大的生成能力，能够生成高质量的文本、图像、音频等内容。例如，GPT 系列模型可以生成流畅的文章，其中 GPT – 4 不仅在语言生成的准确性和连贯性上有显著提升，还首次引入了多模态输入和输出能力，支持文本和图像的组合输入和输出。而 GPT – 4o 则能够支持文本、音频和图像的任意组合输入和输出。

2.6.3　大模型的应用案例

目前，国内外大模型领域呈现出蓬勃发展的态势。国外如 GPT 系列（OpenAI）、Gemini 系列（Google）、Claude 系列（Anthropic）、LLaMA 系列（Meta）、Amazon Nova 系列（亚马逊）、DALL-E（OpenAI）、Midjourney、Stable Diffusion 等，国内如 DeepSeek-V3、文心一言（百度）、KimiAI（月

之暗面)、百川 AI、豆包 AI、Qwen 系列（阿里巴巴）、GLM 系列（智谱清言团队）、混元系列（腾讯）等，可进行文本创作、翻译、答疑、测评、编程、图像/视频生成辅助等多项任务，已经在许多领域中展现了其强大的能力。以下是一些典型的应用案例。

1. 智能硬件

在智能硬件领域，大模型的应用极大地提升了设备的交互体验和智能化水平。例如，小度音箱搭载百度的文心一言大模型后，能够准确理解用户的复杂指令，支持多轮对话，并提供个性化的服务，如规划旅行行程、推荐景点美食等。华为 Watch 系列引入 AI 大模型后，能够对用户的健康数据进行更深入的分析，提供个性化的健康建议。

2. 办公软件

大模型在办公软件中的应用显著提高了办公效率。例如，WPS AI 助手能够根据用户输入的提纲或关键信息快速生成文档初稿，并支持改写、总结、润色等操作。WPS AI 助手还可以实时生成会议纪要，支持多人在线协作编辑文档，提升团队协作效率。

3. 医疗健康

在医疗健康领域，大模型的应用带来了革命性的变化。例如，百度灵医大模型通过对大量医学影像数据的学习，能够辅助医生快速、准确地识别影像中的病变区域。大模型还可以综合分析患者的基因数据、病史等多维度信息，预测疾病风险，并为药物研发提供支持。

4. 金融服务

在金融服务领域，大模型在风险评估、智能投顾、客户服务等方面发挥着重要作用。例如，蚂蚁集团利用 AI 大模型提升金融服务的智能化水平，通过分析海量交易数据和用户信用数据，实时评估交易风险。此外，智能投顾系统可以根据用户的财务状况和投资目标，提供个性化的投资组合建议。

5. 教育领域

在教育领域，大模型为学生提供了个性化的学习方案和智能辅导。例如，松鼠 AI 的智适应教育系统通过分析学生的学习行为和知识掌握程度，为其量身定制学习路径。大模型还可以生成丰富的教育资源，如课件、教案、测试题等，为教师的教学工作提供便利。

6. 能源行业

在能源行业，大模型通过实时监控和分析生产数据，优化生产流程和提高生产效率。例如，科大讯飞与羚羊工业合作的羚羊能源大模型，能够实现设备运检、电力问数、电力营销客服等功能。大模型还可以用于电网规划、电网运维、电网运行等场景，提高决策效率。

7. 智能制造

在智能制造领域，大模型通过实时监控和分析生产数据，优化生产流程和提高生产效率。例如，盘古大模型在钢铁行业的应用，显著降低了生产调整时间，提高了预测精度和钢板成材率。海尔卡奥斯通过"大数据、大模型"技术构建的工业互联网平台，实现了视觉监控检测、质量缺陷检测等功能。

2.6.4 大模型的未来发展方向

近年来，大模型在各个行业中的应用日益广泛，成为推动产业智能化升级的重要力量。虽然大模型目前仍面临一些挑战，如它们的训练和运行需要巨大的计算资源，数据依赖性高，且存在"黑箱"问题，此外，伦理和隐私问题也不容忽视。随着技术的不断进步，大模型正在向更智能、更高效的方向发展。以下是一些可能的未来方向。

1. 强大的逻辑推理能力

强大的逻辑推理是大语言模型"智能涌现"出的核心能力之一。而思维链（CoT）正是它的"破案秘籍"！面对复杂问题，若直接让模型回答，结果可能漏洞百出。但 CoT 会引导模型像人类一样拆解步骤，通过显式输出这些"推理草稿"，就像学生演算纸上的分步推导一样，串联线索、修正逻辑，最终让答案准确率飙升。CoT 的本质就是教会 AI"慢思考"——先搭脚手架，再盖楼，而不是凭空变魔术！目前，国内外各大模型如 GPT－4o、GPTo3-mini、Gemini 2.0 Pro、DeepSeek-R1、Skywork o1、Baichuan-M1-preview 等均具备显式推理能力。未来，高质量的思维链训练将是决定模型推理能力的关键之一。

2. 可解释人工智能

可解释人工智能旨在提高模型的透明性，使用户能够理解模型的决策依据。例如，在医疗诊断场景中，模型不仅能给出诊断结果，还能详细列出支持该诊断的所有关键症状、检查结果以及所依据的医学规则，帮助医生和患者更好地理解和信任诊断结论，从而增强对模型的信任和应用的可行性。

3. 联邦学习

联邦学习是一种先进的分布式机器学习方法，它允许多个设备（如智能手机、物联网设备等）在不共享本地数据的情况下协同训练一个共享的机器学习模型。例如，在语音识别场景中，手机用户可以利用各自设备上的语音数据共同训练一个更精准的语音识别模型，而无须将个人语音数据上传到云端。这种方式不仅保护了用户的隐私，还提高了模型的泛化能力和性能，使得模型能够更好地适应不同用户的语音特征和使用习惯。

4. 自监督学习

自监督学习是一种无须人工标注数据的学习方法。它通过从数据中自动生成标签，减少对人工标注的依赖。例如，在自然语言处理中，自监督学习可以根据上下文信息推断句子中的缺失单词来学习语言的结构和语义。这种学习方式不仅提高了模型的泛化能力，还能够更好地捕捉数据中的内在规律，为各种自然语言处理任务（如文本生成、情感分析等）提供更强大的基础支持。

5. 多模态融合

未来的大模型可能会更加注重多模态融合，即同时处理文本、图像、音频等多种类型的数据。例如，一个模型可以同时理解一段文字和一张图片，从而生成更丰富、更精准的内容。这种多模态融合不仅能够提升模型对复杂场景的理解能力，还可以为各种应用（如智能教育、自动驾驶、虚拟助手等）提供更强大的支持，使模型能够更好地适应多样化的用户需求和复杂的现实环境。

大模型是人工智能领域的一次重大突破，它凭借庞大的参数规模和海量的数据训练，展现了前所未有的能力。与传统的深度学习模型相比，大模型更像是一个"知识巨库"，能够存储和处理海量信息，并根据需求快速生成高质量的内容。无论是聊天机器人、智能助手，还是自动翻译、内容创作等，大模型都展现了强大的能力，仿佛一个"全能助手"，随时为你提供支持。然而，大模型也并非完美无缺，面临资源需求巨大、决策过程像"黑箱"、存在隐私和伦理问题等挑战。未来，大模型的发展方向将聚焦于提升可解释性、降低资源消耗、增强多模态能力，以及解决伦理问题。随着技术的不断进步，大模型将变得更加智能、高效和透明，成为推动社会进步的重要力量。它们不仅是技术的里程碑，更是人类与机器协作的新起点。

2.7 智能体：人工智能的"行动先锋"

智能体（Intelligent Agent）是人工智能领域的一位"多面手特工"，它的核心思想是通过感知环境、作出决策、执行行动来实现目标。它们能够在复杂的环境中自主感知、决策和行动，完成任务。无论是自动驾驶汽车、智能家居助手，还是工业机器人、虚拟客服，智能体都在以其独特的"智慧"和"行动力"，改变着我们的生活和工作方式。它们不仅是人工智能技术的核心载体，更是连接虚拟世界与现实世界的桥梁。

2.7.1　智能体的基本原理

智能体的核心原理可以用一句话概括："感知环境，分析信息，作出决策，执行行动"。它们通过模拟人类的认知和行为过程，构建一个完整的"感知—思考—行动"循环。智能体的关键原理见图2-7。

01	02	03	04	05
感知环境	**信息处理**	**决策制定**	**执行行动**	**学习与优化**
智能体的第一步是感知环境。它们通过各种传感器（如摄像头、麦克风、温度传感器等）收集外部信息。可以把智能体的感知能力想象成"数字感官"，它们像人类的眼、耳、鼻一样，捕捉环境中的各种信号	感知到的信息需要经过处理，才能转化为有用的知识。智能体通过算法和模型对信息进行分析，提取关键特征。信息处理的过程就像"大脑的思考"，智能体通过分析数据，理解环境的状态和用户的需求	在理解环境的基础上，智能体需要制定决策。它们通过预定义的规则或学习到的模型，选择最优的行动方案。决策制定的过程就像"指挥官的战略部署"，智能体根据当前情况，选择最合适的行动路径	决策制定后，智能体需要执行行动。它们通过执行器（如电机、扬声器、显示屏等）与环境互动。执行行动的过程就像"士兵的冲锋"，智能体将决策转化为实际行动，完成任务	许多智能体具备学习能力，能够通过与环境互动，不断优化自己的行为。学习与优化的过程就像"运动员的训练"，智能体通过不断实践，提升自己的能力

图2-7　智能体的关键原理

1. 感知环境

智能体的第一步是感知环境。它们通过各种传感器（如摄像头、麦克风、温度传感器等）收集外部信息。例如，自动驾驶汽车通过摄像头和雷达感知道路上的车辆、行人和交通标志；智能家居助手通过麦克风听取用户的语音指令。

可以把智能体的感知能力想象成"数字感官"，它们像人类的眼、耳、鼻一样，捕捉环境中的各种信号。

2. 信息处理

感知到的信息需要经过处理，才能转化为有用的知识。智能体通过算法和模型对信息进行分析，提取关键特征。例如，图像识别算法可以从摄像头拍摄的画面中识别出物体；语音识别算法可以将用户的语音指令转化为文本。

信息处理的过程就像"大脑的思考"，智能体通过分析数据，理解环境的状态和用户的需求。

3. 决策制定

在理解环境的基础上，智能体需要制定决策。它们通过预定义的规则或学习到的模型，选择最优的行动方案。例如，自动驾驶汽车在检测到前方有行人时，会决定减速或停车；智能家居助手在听到用户说"打开灯"时，会决定发送指令给智能灯泡。

决策制定的过程就像"指挥官的战略部署"，智能体根据当前的情况，选择最合适的行动路径。

4. 执行行动

决策制定后，智能体需要执行行动。它们通过执行器（如电机、扬声器、显示屏等）与环境互动。例如，自动驾驶汽车通过控制方向盘和油门执行驾驶操作；智能家居助手通过扬声器播放音乐或通过智能开关控制家电。

执行行动的过程就像"士兵的冲锋"，智能体将决策转化为实际行动，完成任务。

5. 学习与优化

许多智能体具备学习能力，能够通过与环境互动，不断优化自己的行为。例如，推荐系统通过分析用户的行为数据，不断优化推荐结果；工业机器人通过反复练习，提高操作的精度和效率。

学习与优化的过程就像"运动员的训练"，智能体通过不断实践，提升自己的能力。

2.7.2 智能体的主要特征

1. 自主性

智能体具有高度的自主性，能够自主感知环境、制定决策并执行行动，而不需要人类的实时干预。例如，自动驾驶汽车可以在没有司机的情况下，自主完成驾驶任务。

2. 适应性

智能体能够适应不同的环境和任务，它会根据环境的变化，动态调整自己的行为。例如，智能家居助手可以根据用户的生活习惯，自动调整家中的温度和照明。

3. 目标导向

智能体的行为是目标导向的，它们会根据当前的环境和任务调整自己的策略，以实现预定目标。例如，物流机器人通过规划最优路径，将货物从仓库运送到指定地点。

4. 交互性

智能体能够与人类或其他智能体进行交互。例如，虚拟客服可以通过语音或文字与用户对话，解答问题；协作机器人可以与人类工人一起完成生产任务。

5. 学习能力

许多智能体具备学习能力，能够通过数据或经验不断优化自己的行为。例如，推荐系统通过分析用户的行为数据，不断优化推荐结果，以提高用户满意度。AlphaGo通过自我对弈学习围棋策略。

2.7.3　智能体的应用案例

智能体已经在许多领域中展现了其强大的能力。以下是一些典型的应用案例。

1. 自动驾驶汽车

自动驾驶汽车是智能体的典型代表。它们通过摄像头、雷达和激光雷达感知道路环境，通过算法制定驾驶决策，并通过控制系统执行驾驶操作。例如，特斯拉的自动驾驶系统可以在高速公路上自主完成变道、超车等操作。

2. 智能家居助手

智能家居助手（如亚马逊的 Alexa、谷歌的 Google Home）通过麦克风听取用户的语音指令，通过算法理解用户的需求，并通过智能设备执行操作。例如，用户可以通过语音指令控制家中的灯光、温度和音响。

3. 具身机器人

具身机器人将人工智能融入物理实体，使机器人能够像人一样感知、学习和与环境动态交互，在工业制造、公共服务、家庭服务等多个领域展现出广泛的应用前景。例如，在 2025 年春晚中表演的宇树机器人就展示了高度的自主性、适应性、灵活性，且能够与人类协作互动，体现了智能体在动态环境中的自主决策能力、精准的动作控制和高度的协调能力以及处理多种类型数据（如视觉、听觉、触觉等）的多模态交互能力等。

4. 虚拟客服

虚拟客服是服务行业中的智能体。它们通过自然语言处理技术理解用户的问题，通过知识库或机器学习模型生成回答，并通过语音或文字与用户交互。例如，银行的虚拟客服可以解答用户的账户查询、转账等问题。

5. AlphaGo

AlphaGo 是 DeepMind 开发的一个智能体，专门用于下围棋。它的工作流程是这样的：通过传感器感知棋盘上的棋子分布；通过决策器分析当前棋局，制定落子策略；通过执行器在棋盘上落子；最终击败对手，赢得比赛。

6. 推荐系统

推荐系统是智能体的另一个经典应用。它通过感知用户的行为数据（如点击、浏览、购买）分析用户的行为，制定推荐策略，然后向用户推荐相应的内容（如电影、商品、新闻），以提高用户的满意度和参与度。

2.7.4　智能体的未来发展方向

智能体的发展也面临着一些挑战，例如，当环境过于复杂（如交通拥堵、棋局变化莫测），智能体可能无法作出最佳决策；如果数据不足或存在偏差，智能体的决策可能会出现错误；智能体的自主性和学习能力也带来了诸如隐私侵犯、责任归属等伦理问题；此外，训练和运行智能体需要大量的计算资源，这限制了智能体的应用范围。随着技术的不断进步，智能体可能会结合更多的技术（如强化学习、多模态学习），向着更智能、更高效、更安全的方向发展。以下是一些可能的未来方向。

1. 更加注重与其他智能体的协作

未来的智能体将更加注重与其他智能体的协作。Salesforce首席科学家西尔维奥·萨瓦雷塞（Silvio Savarese）认为，智能体的发展将经历从独立任务到多智能体协作的转变。未来，智能体将不再局限于单一任务的执行，而是能够与其他智能体协同工作，实现更复杂的目标。例如，在企业场景中，多个智能体（如库存管理智能体、物流智能体、客户服务智能体等）可以协同工作，为客户提供更高效、更个性化的服务。

2. 实现企业级全面协调

集成式智能体将成为可能。萨瓦雷塞强调，智能体的最终目标是实现企业级的全面协调。这意味着智能体将在整个企业范围内进行优化和协调，提升企业的整体效率和竞争力。例如，智能体可以协调供应链中的各个环节，从原材料采购到产品交付，实现全流程的优化。同时，智能体将能够跨越组织边界进行协作，形成更广泛的合作网络。例如，企业对智能体或企业对智能体再到消费者的交互模式都将成为可能。

3. 更加注重多模态交互

未来的智能体将更加注重多模态交互，即同时处理语音、图像、文本等多种类型的数据。例如，智能家居助手可以通过摄像头识别用户的手势，通过麦克风听取用户的语音指令，从而实现更自然的交互。自动驾驶汽车不仅可以感知视觉信息，还可以通过语音交互与乘客沟通，提供更人性化的服务。

4. 更加注重可解释性

未来的智能体将更加注重可解释性，使用户能够理解其决策过程。例如，自动驾驶汽车可以解释为什么选择某条行驶路线，增强用户对系统的信任；虚拟客服可以解释为什么推荐某个产品，提升用户对推荐系统的信任。

5. 更加注重伦理与安全

未来的智能体将更加注重伦理与安全问题，其在处理用户数据时，需要确保数据的安全和隐私；在作出决策时，需要明确责任归属，确保系统的可问责性。例如，自动驾驶汽车需要确保在紧急情况下优先保护行人；虚拟客服需要确保在回答用户问题时保护隐私。

6. 更加注重与人类的深度协作

未来的智能体将更加注重与人类的深度协作。智能体不仅是工具，更是人类的伙伴。例如，协作机器人可以与人类工人一起完成复杂的生产任务，提升生产效率。虚拟助手可以与人类员工协作，完成日常工作任务，提升工作效率。

7. 信任与责任的构建

萨瓦雷塞指出，构建信任与责任是智能体发展的关键。这包括：其一，准确性与边界：智能体必须在明确的范围内运行，并保持准确。其二，自我意识：智能体需要清楚自己的能力边界，必要时向人类求助。其三，监督与问责：建立明确的责任链条和监督机制，确保智能体的决策过程透明、可追溯。

智能体是人工智能领域的一位"多面手特工"，它通过感知环境、作出决策、执行行动来实现目标。它的核心是自主性、适应性、学习能力，但它也有环境复杂性、数据依赖性、伦理问题等缺点。尽管智能体在自动驾驶、游戏、推荐系统等领域取得了巨大成功，但它依然面临着许多挑战。未来的智能体将更加注重多模态交互、可解释性、伦理与安全，同时具备更强的学习与优化能力。更重要的是，智能体将与人类深度协作，成为提升工作效能和创造力的强大伙伴。

第 3 章

实施攻略：新一代人工智能落地见效的"秘籍"

当人们谈论人工智能（AI）的成功案例时，往往只看到浮出水面的"冰山一角"——某款智能客服节省了80%人力、某工厂的AI质检让良品率飙升、某医院的AI影像诊断比专家更快更准……但水面之下，是无数组织踩过的坑、流过的血、交过的学费：技术堆砌却无业务价值、数据混乱导致模型失灵、组织内耗让项目烂尾。

必须认识到：AI落地的"冰山法则"——看不见的体系化能力，决定了看得见的成果。AI落地从来不是"算法调参"的技术游戏，而是一场涉及战略、组织、场景、技术、数据的体系化战役。它需要像造船一样——既要有指明方向的罗盘（战略布局），也要有能扛住风浪的龙骨（技术架构），更要有全体船员的协同作战（组织保障）。

本章将拆解AI从"实验室原型"到"业务发动机"的八大核心关节：从"一把手"挂帅到一线员工协同，如何让组织齿轮严丝合缝？从业务痛点到技术方案，如何避免"拿着锤子找钉子"的伪需求？从数据荒漠到算法燃料，如何让脏乱差的原始数据变成高纯度"AI汽油"？从单点实验到规模复制，如何让AI能力像乐高积木一样灵活拼装？无论你是手握预算的决策者、冲锋陷阵的业务骨干，还是深夜调参的技术极客，本章提供的作战地图和避坑指南，都将帮你绕过"99%组织踩过的雷"，用体系化的方法论，让AI真正成为业务的"增长杠杆"，而非"成本黑洞"。

3.1　战略布局，决胜千里

如果把人工智能的落地比作一场战役，那么"战略布局"就是这场战役的作战地图。没有清晰的指挥体系、没有精锐的作战部队、没有科学的战术打法，再先进的武器也可能沦为摆设。而在这场战役中，领导层就是总指挥，组织架构就是排兵布阵，场景落地就是攻城略地——只有三者协同发力，才能真正让 AI 从"技术概念"变成"业务利器"。人工智能项目落地组织保障见图 3-1。

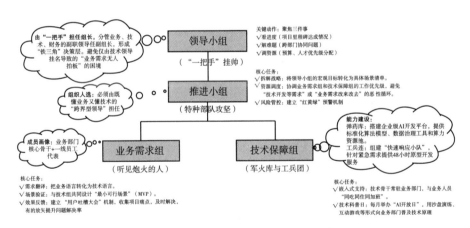

图 3-1　人工智能项目落地组织保障

3.1.1　领导挂帅：没有"一把手"站台，AI 只能是空中楼阁

"一把手"的参与程度直接决定了 AI 项目是"真刀真枪"还是"花拳绣腿"。

1. 为什么必须是"一把手"挂帅？

破除部门壁垒：AI 落地往往涉及多个部门的数据打通和流程重构，只有一把手能调动资源、打破"部门墙"。例如，某银行推动智能风控系统时，初期因风控部门与科技部门数据权限冲突导致项目停滞，最终由行长亲自协调，才打通数据孤岛。

解决"要钱要人"难题：AI 项目的初期投入大、回报周期长，若没有高层背书，预算和人才都可能被其他"短平快"的项目挤占。例如，某能源企业 AI 节能项目初期因预算不足几乎夭折，CEO 亲自调整年度预算优先级，将 AI 项目列为"战略级投资"，最终实现年节能收益超 5000 万元。

传递战略决心：领导亲自布署，能向全员传递"AI 不是可选项，而是必选项"的信号。例如，某制造企业 CEO 在 AI 启动会上直言："未来三年，所有部门 KPI 必须与 AI 应用挂钩。"甚至设立"AI 否决权"——未提交 AI 优化方案的部门，预算申请一律不批。

2. 领导小组如何建？

核心架构：由"一把手"担任组长，分管业务、技术、财务的副职领导任副组长，形成"铁三角"决策层。避免仅由技术领导挂名导致的"业务需求无人拍板"的困境。

关键动作：每月召开一次"AI 战略推进会"，聚焦以下三件事。

（1）看进度（项目里程碑达成情况）：用"红绿灯仪表盘"可视化呈现，延期超 30 天的项目直接升级至领导小组督办。

（2）解难题（跨部门协同问题）：例如，数据治理责任归属、业务优先级冲突等，避免问题在基层扯皮中消耗时间。

（3）调资源（预算、人才优先级分配）：例如，某零售企业为推进智能补货系统，领导小组果断暂停两个传统 IT 项目，抽调 80％ 的技术骨干全力攻坚。

案例点睛：某零售集团在推进智能供应链项目时，董事长亲自带队走访仓库和门店，发现一线员工普遍抱怨"系统预测不准"。他当场要求项目组：

（1）所有算法工程师下一线轮岗两周，亲自体验拣货、盘库流程；

（2）将原计划 3 个月的试点周期压缩至 1 个月，并设立"误差率每降 1％ 奖励团队 10 万元"的激励机制。

结果原本预计 18 个月的项目，10 个月便完成试点，库存周转率提升 25％，缺货率下降 18％。

3.1.2　排兵布阵：打造"前中后台"联合作战体系

AI 落地不是技术部门的"独角戏"，而是业务与技术的"双人舞"。想要跳好这支舞，必须搭建分工明确、协同高效的作战梯队。

1. 中台：推进小组——"特种部队"攻坚

如果把领导小组比作"司令部"，推进小组就是冲在一线的"特种部队"。

组长人选：必须由既懂业务又懂技术的"跨界型领导"担任。例如，某车企的推进小组组长是 CTO 出身，后转岗分管营销的副总裁，既能理解技术逻辑，又能把握业务痛点。他提出"用 AI 预测爆款车型"的需求时，直接带着技术团队蹲点 4S 店，用两周时间梳理出"客户试驾行为数据"与"成交率"的关联模型，最终将预测准确率从 65％ 提升至 89%。

核心任务：

（1）拆解战略：将领导小组的宏观目标转化为具体场景清单。例如，"提升客户满意度"可拆解为"智能客服应答准确率≥95%""投诉处理时效≤2 小时"等可量化指标。

（2）资源调度：协调业务需求组和技术保障组的工作优先级。例如，某物流公司推进小组发明"需求分级卡"——业务部门提需求时需自评"紧急度""价值度"，技术部门评估"实现难度"，双方协商后确定优先级，避免"技术开发等需求"或"业务需求改来改去"的恶性循环。

（3）风险管控：建立"红黄绿"预警机制。对延期超 30 天的项目亮红灯，直接上报领导小组决策；对数据质量不达标的项目亮黄灯，暂停开发并启动数据治理专项。

2. 前台：业务需求组——听见炮火的人

业务需求组是 AI 落地的"眼睛"和"耳朵"，必须由最熟悉战场（业务场景）的人员组成。

成员画像：业务部门核心骨干＋一线员工代表。例如，某医院的 AI 辅助诊断项目组中，除了放射科主任，还纳入 3 名资深技师，因为他们最清楚日常阅片的痛点："医生标注的病灶位置和技师实际扫描范围经常偏差 10% 以上，导致模型训练数据失真。"

关键职责：

（1）需求翻译：把业务语言（如"减少客户投诉"）转化为技术语言（如"构建投诉预测模型"）。例如，某银行信用卡部门提出"降低欺诈交易损失"，业务组与技术组共同拆解出"需在交易后 30 秒内识别 80% 高风险行为"的具体目标。

（2）场景验证：与技术组共同设计"最小可行场景"（MVP），而非一次性全面铺开。例如，某快消品牌选取 10 家门店试点 AI 选品系统，通过 MVP 模式验证 AI 选品效果：试点门店销售额提升 12%，而对照组仅增长 3%，用数据说服管理层扩大投入。

（3）效果反馈：建立"用户吐槽大会"机制。例如，某政务 AI 热线项目每月邀请办事群众代表打分，收集到"机器人总让我重复描述问题"的痛点后，技术组紧急优化语义理解模型，将问题解决率从 68% 提升至 85%。

3. 后台：技术保障组——军火库与工兵团

技术保障组是 AI 落地的"弹药供给方"和"基建工程兵"，核心任务是把技术能力转化为业务战斗力。

能力建设：

（1）弹药库：搭建企业级 AI 开发平台，提供标准化算法模型、数据治理工具和算力资源池。例如，某保险公司将常见的 20 种风险评估模型封装成"即插即用"模块，业务部门可直接调用，开发周期从 3 个月缩短至 2 周。

（2）工兵连：组建"快速响应小队"，针对紧急需求提供 48 小时原型开发服务。例如，某物流公司在"618 大促"前临时需要爆仓预测模型，技术组连夜开发，3 天完成部署，准确预测出 5 个重点仓库的爆仓风险，避免损失超千万元。

协作模式：

（1）嵌入式支持：技术骨干常驻业务部门，与业务人员"同吃同住同加班"。例如，某电商公司的 AI 推荐算法工程师连续一个月蹲点运营部，发现"运营手动调整推荐位"导致模型效果波动，最终设计出"人工干预审核流程"，既保留业务灵活性，又保障模型稳定性。

（2）技术科普日：每月举办"AI 开放日"，用沙盘演练、互动游戏等形式向业务部门普及技术原理。例如，某制造企业设计"AI 质检找茬大赛"——业务人员用 AI 模型和人工同时检测产品缺陷，结果模型漏检率比人工低 2%。

3.1.3　胜负手：用考核机制拧紧责任发条

没有考核，再好的战略也会流于形式。AI 项目的考核必须"既看结果，也管过程"。

对领导小组：

（1）战略投入度：年度 AI 预算占营收比例、高管参与项目评审次数。例如，某科技公司规定，董事会成员每年至少参加 3 次 AI 项目评审会，缺席者扣减年度奖金 10%。

（2）组织变革力：因 AI 应用调整的部门架构数量、流程再造项目数。例如，某银行因智能风控系统上线，将原风控部 30% 的人员转岗至数据治理团队，并纳入高管绩效考核。

对推进小组：

（1）项目交付率：按期完成场景上线数量、超期项目占比。例如，某零售企业实行"交付阶梯奖励"——提前完成奖励团队 20% 奖金，延期则扣除 10%。

（2）协同效能：跨部门协作满意度评分（匿名调研）。例如，某制造企业将协作评分纳入晋升门槛，得分低于 80 分者不得参与年度评优。

对业务需求组：

（1）需求命中率：技术交付成果与业务需求的匹配度（按 1~5 分打

分）。例如，某物流公司规定，若业务需求评分连续两期低于 3 分，需求提出人需重新参加 AI 培训。

（2）用户渗透率：一线员工使用 AI 工具的活跃度（如日活/月活数据）。例如，某医院将 AI 辅助诊断系统的使用率与科室绩效挂钩，未达标的科室扣减 5% 年度预算。

对技术保障组：

（1）技术稳定性：系统故障率、平均修复时间（MTTR）。例如，某金融公司要求 AI 系统故障响应不超过 15 分钟，重大故障全年不得超过 1 次。

（2）创新贡献度：申请的 AI 专利数、开发的复用模型数量。例如，某互联网企业规定，每贡献一个复用模型奖励团队 5 万元，并优先分配算力资源。

案例点睛：某保险公司的"AI 双轨考核"。

短期激励：设立"AI 先锋奖"，季度评选最佳场景应用团队，奖金直达个人。某团队因开发"智能理赔反欺诈模型"获奖金 50 万元，其中 70% 分配给一线开发人员。

长期绑定：将 AI 项目成果纳入晋升考核，未参与 AI 项目的管理者不得提拔为总监级。一名区域经理因推动"AI 代理人培训系统"落地，破格晋升为全国培训总监。

3.1.4 实操工具箱

1. 考核指标与工具包

针对 AI 项目各层级组织考核的实操工具箱，包含指标定义、数据采集模板、评分规则及使用流程等，确保考核可量化、可落地。

（1）领导小组考核工具。

指标 1：战略投入度

评估项：

AI 预算占营收比例（公式：AI 预算/年度营收×100%）；

高管参与项目评审次数（≥3 次/年）。

数据来源：财务系统、会议纪要。

评分模板见表 3－1：

表 3－1　　　　　　　　　战略投入度评分表示例

预算占比	得分	评审次数	得分
≥5%	5	≥5 次	5
3%~5%	3	3~4 次	3
<3%	1	<3 次	0

操作指南：

每年初由 CFO 设定 AI 预算红线，未达标扣减高管奖金 10%；

使用 OA 系统自动统计参会记录，缺席者触发邮件提醒。

指标 2：组织变革力

评估项：

部门架构调整数量（如新设"AI 创新中心"）；

流程再造项目数（如"AI 驱动的采购审批链"）。

数据来源：组织架构图、项目立项书。

评分模板见表 3－2：

表 3－2　　　　　　　　　组织变革力评分示例

调整数量	得分	流程项目数	得分
≥3 个	5	≥5 个	5
1~2 个	3	2~4 个	3
0 个	0	<2 个	1

操作指南：

每年发布《组织变革白皮书》，量化 AI 带来的效率提升；

未达成目标的部门，次年预算削减 20% 。

（2）推进小组考核工具。

指标 1：项目交付率

评估项：

按期交付场景数量（如"智能客服"按时上线）；

超期项目占比（超期项目数/总项目数 ×100% ）。

数据来源：JIRA/禅道项目管理工具。

评分模板见表 3 - 3：

表 3 - 3　　　　　　　　　项目交付率评分示例

按期交付率	得分	超期占比	扣分
≥90%	5	≤5%	0
70% ~ 89%	3	6% ~ 15%	-1
<70%	1	>15%	-2

操作指南：

使用甘特图跟踪进度，超期项目自动标红；

提前交付奖励 = 项目预算 ×20% ，超期扣罚 = 预算 ×10% 。

指标 2：协同效能

评估项：跨部门协作满意度（匿名调研 1 ~ 5 分）。

数据来源：问卷星/企业微信匿名调研。

评分模板见表 3 - 4：

表 3 - 4　　　　　　　　　协同效能评分示例

平均分	得分	晋升资格
≥4.5	5	优先
3.5 ~ 4.4	3	正常
<3.5	1	暂停

操作指南：

每季度调研一次，结果关联晋升；

得分最低的部门需公开整改计划。

（3）业务需求组考核工具。

指标 1：需求命中率

评估项：业务方对交付成果的评分（1～5 分）。

数据来源：需求验收单（含评分栏）。

评分模板见表 3－5：

表 3－5　　　　　　　　　需求命中率评分示例

平均分	得分	培训要求
≥4	5	无
3～3.9	3	选择性参加
<3	1	强制参加 AI 培训

操作指南：

验收时业务负责人现场打分并签字；

连续两期＜3 分，需求提出人转岗或调薪冻结。

指标 2：用户渗透率

评估项：一线用户日活（DAU）/月活（MAU）。

数据来源：用户行为日志、埋点系统。

评分模板见表 3－6：

表 3－6　　　　　　　　　用户渗透率评分示例

DAU/MAU	得分	绩效挂钩
≥40%	5	预算＋10%
20%～39%	3	预算不变
<20%	1	预算－5%

操作指南：

每日推送使用数据至业务部门负责人；

未达标部门需提交《AI 工具优化方案》。

（4）技术保障组考核工具。

指标 1：技术稳定性

评估项：

系统故障率（故障次数/总请求数×100%）；

平均修复时间（MTTR，单位：分钟）。

数据来源：Prometheus 监控、运维工单。

评分模板见表 3 − 7：

表 3 − 7　　　　　　　　　　　技术稳定性评分示例

故障率	MTTR	得分
≤0.1%	≤15	5
0.1%~0.5%	16~30	3
>0.5%	>30	1

操作指南：

故障告警自动触发值班电话；

重大故障需提交《根因分析报告》，全年超 3 次团队解散。

指标 2：创新贡献度

评估项：

年度 AI 专利数（发明专利≥1 项）；

复用模型数量（被其他项目调用次数≥5 次）。

数据来源：专利局记录、模型仓库日志。

评分模板见表 3 − 8：

表 3 − 8　　　　　　　　　　　创新贡献度评分示例

专利数	复用模型数	奖励金额
≥3	≥10	50 万元/团队
1~2	5~9	20 万元/团队
0	<5	0

操作指南：

专利与模型需通过技术委员会认证；

奖金直接发放至团队，分配比例由内部协商。

2. 工具使用流程

目标设定：年度计划会确定各小组考核指标及权重；

数据采集：IT部门部署埋点系统，自动拉取日志数据；

月度评分：次月5日前输出各小组得分，邮件通报；

季度复盘：召开考核评审会，调整不合理指标；

年度奖惩：根据总分发放奖金/晋升名额，末位小组负责人述职。

AI不是飘在空中的"云"，而是扎在土里的"根"。想要让这根扎得深、长得壮，离不开领导层的战略决心、业务与技术的协同共生，以及刀刃向内的考核革新。当组织体系像齿轮一样严丝合缝地转动起来时，AI才能真正从"技术盆景"变成"业务森林"。

3.2 理念宣贯，凝聚共识

如果把AI落地比作一场马拉松，技术是跑鞋，数据是补给，而共识就是赛道旁的呐喊声——没有全员的信念支撑，再强的选手也可能中途弃赛。许多组织AI项目失败，不是因为缺钱缺技术，而是败在"人心不齐"：高管觉得技术团队"不接地气"，业务部门抱怨"AI增加工作量"，一线员工担心"被机器取代"……

共识的本质，是让所有人看清三件事：

（1）AI 不是来"抢饭碗"的敌人，而是"打辅助"的队友；

（2）转型不是"额外任务"，而是"生存必修课"；

（3）短期阵痛换来的，是长期竞争力的护城河。

共识不是"洗脑"，而是"换脑"。高中基层共识要点见图 3 - 2。

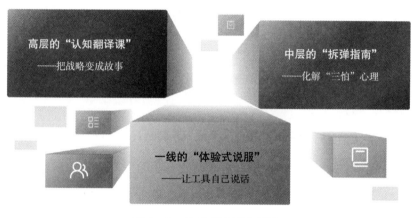

图 3 - 2　高中基层共识要点

3.2.1　破冰行动：先治"AI 焦虑症"，再谈技术落地

1. 高层的"认知翻译课"——把战略变成故事

高管层不缺战略眼光，但往往不知道怎么把"AI 战略"翻译成人话。

反面案例：某地产集团 CEO 在年会上宣布"All in AI"，结果员工私下吐槽："AI 能帮我们卖房还是盖楼？老板又被顾问忽悠了。"

正面解法：用具体场景替代宏大叙事。

故事化表达：某零售企业 CEO 这样动员："以前店员每天花 3 小时盘货，未来 AI 自动扫描货架，省下的时间用来给客户搭配合适的围巾——这才是服务的温度。"

数据对比："引入 AI 质检后，工厂每月减少 2000 件退货，相当于保住 30 个工人的年终奖。"

2. 中层的"拆弹指南"——化解"三怕"心理

中层管理者最易成为"AI 阻力层"，根源在于"三怕"：

（1）怕失控："AI 要是比我决策准，还要我这个经理干什么？"

（2）怕麻烦："现有系统用得好好的，折腾 AI 又得加班培训。"

（3）怕担责："项目万一失败，黑锅肯定我来背。"

破局三招：

（1）给安全感：明确"AI 辅助人，而非替代人"的定位。某银行规定"AI 风控模型只做初筛，最终审批权仍在信贷经理"。

（2）给甜头：将 AI 应用与中层 KPI 强绑定。某物流公司对区域经理考核"AI 异常预警响应速度"，排名前三的团队奖金翻倍。

（3）给退路：设立"AI 安全港"机制——试点项目失败不追责，只复盘。某制造企业甚至颁发"最佳试错奖"，鼓励大胆创新。

3. 一线的"体验式说服"——让工具自己说话

一线员工不需要听懂神经网络原理，只需要知道"这玩意儿能让我少加班"。

反面案例：某医院强推 AI 病历系统，结果医生集体抵制："打字比口述慢多了！"

正面解法：把说服变成"体验游戏"：

人机 PK 赛：某电商客服中心举办"人类 VS AI"的投诉处理大赛，AI 解决率 85%，人类 86%，但 AI 速度是人工的 10 倍。赛后员工主动要求"把简单投诉交给 AI，我们专攻复杂 case"。

痛点爆破：某仓库工人抱怨"盘点太累"，技术团队开发 AR 扫码眼镜，工人佩戴后盘点效率提升 4 倍，主动在内部论坛发帖强烈推荐。

3.2.2 播种行动：用"三波攻势"让 AI 理念扎根

1. 第一波：概念普及——把技术黑话变成人话

不要讲："我们的 CNN 模型通过迁移学习优化了特征提取。"

要讲："AI 学会从 10 万张瑕疵图片中找规律，现在看一眼产品照片，就能像老师傅一样判断哪里要返工。"

工具推荐：

（1）"AI 语言转换表"：把技术术语翻译成业务收益（见表 3-9）。

（2）沙盘模拟：用乐高积木演示"数据如何训练 AI"，小学生都能懂。

表 3-9　　　　　　　　　　　AI 语言转换

技术术语	业务人话版
机器学习	让电脑从历史经验中自学成才
神经网络	模拟人脑的智能网络
数据标注	教 AI 认字的"识字卡片"

2. 第二波：场景共鸣——用身边事打动身边人

不要喊口号："AI 是未来趋势！"

要造案例：

（1）痛点小视频：拍摄质检员每天弯腰检查 3000 次零件的视频，配上字幕："AI 解放你的腰椎——自动检测，误差率 <0.1%。"

（2）同行刺激法：某超市在员工食堂滚动播放："隔壁王总家的仓库用了 AI 拣货，每天少走 2 万步，月底奖金多 500 元。"

3. 第三波：参与共创——让员工成为 AI 主人

不要自上而下："总部要求必须上线 AI 系统。"

要自下而上：

（1）金点子计划：某快递公司设立"AI 创意擂台"，一线快递员提出"用 AI 预测小区快递柜满仓时间"，获奖方案被采纳后，发明者晋升为 AI 项目顾问。

（2）测试员特权：某酒店让清洁阿姨优先试用 AI 排班系统，根据反馈优化后，阿姨们自发培训其他同事："原来手机点一点就能抢到轻松时段！"

3.2.3 固本行动：把共识变成"肌肉记忆"

1. 仪式感——给 AI 一个"成人礼"

错误做法：默默上线 AI 系统，员工毫无感知。

正确姿势：

（1）AI 命名大赛：某工厂的质检 AI 被工人取名为"火眼金睛"，获奖者获得带薪休假。

（2）上线誓师会：某银行 AI 客服上线当天，行长亲自给团队颁发"数字化先锋"勋章，并销毁旧版操作手册（用碎纸机直播）。

2. 持续灌溉——避免共识"昙花一现"

信息轰炸：

（1）AI 日报：某零售企业每天晨会分享一条"AI 成功小故事"（例

如，"AI 帮张姐多卖了 20 件羽绒服"）。

（2）故障透明化：某物流公司每月公布"AI 犯错报告"，例如，"AI 把'玻璃杯'识别成'灯泡'——已优化模型，错误率下降 90%。"

制度绑定：

（1）AI 认证体系：某制造厂规定，员工必须通过"AI 工具操作考试"才能晋升班组长。

（2）创新积分制：某医院将 AI 使用频次、反馈建议数纳入职称评定加分项。

3. 文化反哺——让共识自发传播

不要靠行政命令："所有人必须参加 AI 培训！"

要培育民间领袖：

（1）AI 代言人：某超市评选"最会玩 AI 的收银员"，奖励新款手机，并拍摄宣传片："以前怕点错货，现在 AI 帮我盯着，每天准时下班接娃！"

（2）吐槽变商机：某 4S 店销售抱怨"AI 客服不会讲方言"，技术团队据此开发方言版 AI，反而成为区域竞争优势。

3.2.4　实操工具箱

1. "共识四象限"诊断表

快速识别不同层级员工的抵触类型，制定针对性沟通策略。员工抵触类型识别四象限见表 3 - 10。

表 3 - 10　　　　　　　　　　　员工抵触类型识别四象限

抵触类型	特征描述	典型话术	破解策略
恐惧型	担心被取代，焦虑不安	"AI 要是能干活，还要我们干什么?"	1. 明确"人机协同"分工（如 AI 处理重复工作，人类专注决策）； 2. 提供转岗培训计划
漠然型	认为 AI 与己无关，消极应付	"搞这些虚的，不如多发点奖金。"	1. 用"利益直通车"关联个人收益（如 AI 减少加班可兑换调休）； 2. 设置"体验式奖励"（抢先试用 AI 工具者额外奖励）
质疑型	对技术效果持怀疑态度	"之前上过系统，根本没用!"	1. 用数据说话（如试点场景前后对比报表）； 2. 邀请参与需求设计，变"旁观者"为"共建者"
观望型	等待他人先试水，再决定跟不跟	"别人用好了我再学。"	1. 打造"内部代言人"（如评选 AI 先锋员工）； 2. 设计"零门槛尝鲜"活动（如 5 分钟快速体验）

📢 使用指南：

● 匿名调研员工，按四象限分类；

● 每类人群制定专属沟通计划，例如，针对"恐惧型"开展"AI 助手技能培训"。

2. AI 沟通话术清单

针对不同部门的定制化话术模板，把技术语言翻译成业务收益。不同部门 AI 沟通话术示例见表 3 - 11。

表 3 - 11　　　　　　　　　不同部门 AI 沟通话术示例

部门	业务痛点	AI 解决方案	沟通话术（示例）
销售	客户线索转化率低	AI 潜客评分模型	"这个模型能帮你从 100 个线索里挑出最可能成交的 20 个，省下 80% 无效拜访时间。"

续表

部门	业务痛点	AI 解决方案	沟通话术（示例）
生产	设备故障导致停工	AI 预测性维护	"就像给机器装了个'健康手环'，提前 7 天告诉你哪台设备要'生病'，避免半夜抢修。"
财务	手动对账耗时易错	AI 自动化对账	"以前 3 天对完的账，现在 3 小时搞定，你可以腾出时间做成本优化分析。"
HR	简历筛选效率低	AI 智能初筛	"系统自动过滤掉不匹配的简历，让你专注面试最合适的候选人，招人速度提升一倍。"

📢 使用说明：

- 根据部门会议场景调整话术；

- 配合数据案例（如"试点部门效率提升×%"）增强说服力。

3. "5 分钟共识小剧场"剧本

用于晨会、例会的幽默情景剧脚本，轻松化解常见误解。

剧本示例：《AI 不是敌人》。

🎙角色：

- 张主管（抵触 AI 的中层）。

- 李员工（积极尝鲜的一线）。

- AI 助手（配音扮演）。

🎙情节：

张主管抱怨："AI 又要增加工作量，还得培训！"

李员工演示 AI 自动生成报表，5 分钟完成原本 2 小时的任务。

AI 助手（卖萌音）："张主管，我可以帮你查数据，你多陪陪孩子不好吗？"

张主管（挠头）："好像……有点用？"

🎵 结尾：

全员投票"最想用 AI 解决的痛点"，现场抽奖送咖啡券。

📢 使用提示：

- 每周表演 1 次，每次聚焦一个场景；
- 鼓励员工即兴发挥，收集真实反馈。

AI 落地的最大障碍，从来不是技术门槛，而是人心的惯性。当车间主任发现 AI 能帮他减少半夜加班处理设备故障的次数，当财务专员发现 AI 能把对账时间从 3 天压缩到 3 小时，当销售总监发现 AI 预测的爆款比自己的直觉更准——共识就会像野草一样疯长。这需要企业像园丁一样，既要用"故事化沟通"松土，用"参与感设计"播种，也要用"制度性保障"施肥。当每一个员工都能从 AI 中尝到甜头、找到尊严、看见未来时，这场转型才真正拥有了生命力。

3.3　深挖痛点，找准场景

如果把 AI 落地比作一场狩猎，那么"痛点"就是藏在丛林里的猎物，"场景"则是瞄准镜里的靶心。许多组织举着 AI 这把"猎枪"一通乱扫，结果子弹打光，猎物没见着，反而误伤队友——要么选了个"伪需求"，投入百万元开发出无人使用的系统；要么挑了块"硬骨头"，技术难度高到让团队崩溃。

这一节的核心就一句话：用 80% 的精力找准那 20% 的黄金场景，剩下的交给技术。场景筛选四象限见图 3-3。

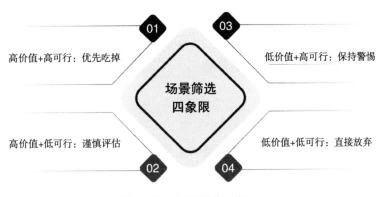

图 3-3　场景筛选四象限

3.3.1　痛点挖掘：别被"假哭"骗了，找到真正的"伤口"

1. 痛点三问——撕开伪需求的遮羞布

业务部门常喊的"痛点"，可能只是"痒点"甚至"假哭"。

场景一：销售总监拍桌子："客户投诉太多，必须用 AI 解决！"

灵魂拷问：投诉集中在哪？是产品质量问题，还是售后响应慢？如果 80% 投诉是因为物流延迟，AI 该去优化供应链，而不是做智能客服。

解剖工具：用"投诉五维分析法"拆解：

☞ 问题类型（质量/服务/物流）；

☞ 发生频率（日均次数）；

☞ 影响范围（客户数/订单量）；

☞ 解决成本（人力/资金）；

☞ 关联部门（责任归属）。

案例：某电商公司发现"物流延迟"占投诉量的 65%，转而开发"AI 物流时效预测系统"，将投诉率从 12% 压至 4%。

场景二：生产经理抱怨："设备老出故障，AI 能预测吗？"

数据摸底：设备有传感器吗？历史故障数据是否齐全？如果连基础数据都没有，AI 预测就是"盲人算命"。

破解方法：

☞ 设备体检：用 IoT 传感器采集振动、温度、电流等数据；

☞ 数据考古：调取过去 3 年维修工单，标注故障类型和时间；

☞ 小步快跑：先预测故障概率最高的 10 台设备，验证模型有效性。

☞ 成果：某化工厂通过此法，设备意外停机时间减少 40%，维修成本下降 30%。

2. 一线掘金——到炮火最猛的地方找答案

高管的战略蓝图里，往往看不到真正的痛点。答案永远在一线。

蹲点观察法：某快餐连锁店的 AI 需求，不是来自总部会议，而是源于技术团队连续 3 天蹲守后厨，发现炸鸡时间全凭员工手感，导致口感波动较大。最终开发的"AI 油温监控系统"，让出品合格率从 70% 飙升至 95%。

蹲点四步法：

☞ 选战场：选取问题最突出的 3 ~ 5 个点位；

☞ 当学徒：与技术无关，纯粹观察记录（如用手机拍摄操作流程）；

☞ 抓瞬间：捕捉员工抱怨、重复动作、等待时间；

☞ 挖金句：记录一线人员的原话（如"每天弯腰 300 次检查零件，腰椎都快断了"）。

"最烦排行榜"：某医院让护士匿名投票"最想用 AI 解决什么"，结果"手动录入患者体征数据"高居榜首。上线 AI 语音录入系统后，护士每天多出 1 小时查房。

投票设计技巧：

☞ 匿名保护：避免管理层压力影响真实性；

☞ 选项量化：提供"每天耗时""痛苦指数（1 ~ 5 分）"等维度；

☞ 开放填空：预留"其他痛点"栏，往往能发现意外收获。

反例警示：某金融公司豪掷千万元开发"AI 财富管家"，结果发现，客户真正需要的是"如何快速赎回理财产品"，而非复杂的资产配置建议——项目最终沦为高管炫技的玩具。

3.3.2　场景定位：别想"一口吃成胖子"，先打"十环靶心"

1. 场景筛选四象限——避开"毒苹果"

（1）高价值 + 高可行：优先吃掉（如用 AI 减少质检漏检）。

★ 价值评估：计算"单场景年收益 = 问题发生频率 × 单次解决收益"。例如，某仓库每年因拣货错误损失 500 万元，AI 纠错系统投入 200 万元，年净收益 300 万元。

★ 可行性评估：

☞ 数据基础：是否有结构化数据？标注成本是否可控？

☞ 技术成熟度：是否有现成算法可借鉴？

☞ 组织支持：业务部门是否愿意配合试点？

（2）高价值 + 低可行：谨慎评估（如自动驾驶需巨额投入）。

破局策略：拆解为阶段性目标。例如，先做"园区内低速物流车"，再扩展至开放道路。

（3）低价值+高可行：保持警惕（如 AI 会议纪要，省力但收益有限）。

升级技巧：寻找关联场景。例如，会议纪要 AI 同步生成"待办事项跟踪表"，提升管理效率。

（4）低价值+低可行：直接放弃（如 AI 预测天气对门店客流影响）。

案例：某物流公司用四象限法锁定"爆仓预测"场景——价值高（减少千万级损失）、可行性高（已有历史运单数据），3 个月上线后爆仓率下降 40%。

2. MVP 设计——用最小成本试错

MVP（最小可行产品）的精髓是：不求完美，但求速验。

反例：某零售商开发"AI 全渠道营销平台"，耗时 1 年，上线后才发现门店根本不配合数据录入。

正解：某母婴品牌先用 MVP 验证"AI 选品"：

☞ 小范围：只选 10 个 SKU，覆盖 3 家门店。

☞ 轻量级：用 Excel+简单算法替代复杂系统。

☞ 快迭代：两周内根据店员反馈调整 3 次模型。

结果：试点门店销售额提升 15%，复制到全国后节省开发成本 70%。

MVP 设计清单：

☞ 目标用户：明确试点对象（如某区域/某门店）；

☞ 核心功能：只保留最关键的一个功能；

☞ 数据来源：允许手工录入或简化数据清洗；

☞ 验收标准：设定可量化的成功指标（如准确率≥70%）；

☞ 退出机制：若 MVP 失败，果断放弃不恋战。

3. 场景复利——让 AI 能力像乐高一样拼装

好的场景能产生"连带价值"，例如：

从单点到链条：某工厂先做"AI 质检"，积累的缺陷数据反哺"AI 工艺优化"，形成闭环。

☞ 数据复用：质检图片自动关联生产参数（温度、压力等），找出工艺缺陷规律。

☞ 成本分摊：同一批数据用于多个场景，边际成本趋近于零。

从垂直到平台：某银行将"智能客服"的语义理解能力复用到"合同审查""风险预警"等场景，摊薄技术成本。

☞ 能力抽象：将 NLP（自然语言处理）模块封装成 API，供全行调用。

☞ 生态共建：开放部分能力给外部合作伙伴，例如，为中小企业提供 AI 合同审核服务。

3.3.3　实战拆解：那些"一针见血"的黄金场景

1. 制造业：AI 质检员的"火眼金睛"

痛点：肉眼检测电路板缺陷，员工离职率高，漏检率超 10%。

解法：

☞ 数据采集：用工业相机拍摄 10 万张缺陷图片，标注"虚焊""划痕"等类型。

☞ 模型训练：部署轻量级 AI 模型，边缘设备实时检测。

☞ 人机协作：AI 初筛后，人工复检可疑案例。

成果：漏检率降至 0.5%，每年减少返工成本 300 万元。

避坑经验：

☞数据均衡：避免"缺陷样本太少"导致模型偏颇，用 GAN（生成对抗网络）合成罕见缺陷图片。

☞硬件适配：选择支持高温、粉尘环境的工业级设备，避免实验室模型"见光死"。

2. 零售业：AI"读心术"破解库存顽疾

痛点：畅销款断货，滞销款积压，店长凭经验订货误差率超30％。

解法：

☞数据融合：整合历史销售、天气、促销活动数据。

☞动态预测：AI 按周生成补货建议，并标注置信度（如"羽绒服下周销量预测95％准确"）。

☞反馈闭环：店长可手动调整 AI 建议，系统自动记录偏差原因。

成果：库存周转率提升25％，滞销品占比下降18％。

避坑经验：

☞人性化设计：允许店长覆盖 AI 建议，但需填写理由（如"暴雨导致户外用品滞销"），反向优化模型。

☞动态权重：旺季增加"实时销售数据"权重，淡季侧重"历史规律"。

3. 医疗行业：AI 助手的"三头六臂"

痛点：医生写病历耗时占门诊时间40％，患者抱怨"医生总盯着电脑"。

解法：

☞语音转写：AI 实时转录医患对话，自动生成病历草稿。

☞智能纠错：根据患者病史自动提示矛盾点（如"患者自称青霉素

过敏，但处方含阿莫西林"）。

　　☞一键归档：结构化数据直接导入医院系统。

　　成果：医生日均接诊量增加 20%，病历质量评分提升 35%。

　　避坑经验：

　　☞隐私保护：采用本地化部署，确保患者数据不出院区。

　　☞容错机制：AI 生成的病历需医生二次确认，避免法律风险。

3.3.4　避坑指南：别让这些"刺客"毁了你的场景

1. 数据刺客

症状：场景选好了，却发现数据分散在 10 个系统，且格式混乱。

解药：启动场景前，先做"数据体检"——用 1 周时间评估数据可用性，必要时调整场景优先级。

　　★ 体检清单：

　　☞完整性：关键字段缺失率是否超过 20%？

　　☞一致性：同一商品在不同系统的 ID 是否统一？

　　☞时效性：数据更新频率是否满足实时性要求？

2. 预期刺客

症状：业务部门指望 AI"一步到位"，技术团队被逼到崩溃。

解药：签订"AI 目标军令状"——明确 MVP 阶段的预期（如"准确率 ≥70%"），后续逐步优化。

　　★ 话术模板："我们先解决 70% 的简单问题，剩下 30% 复杂情况由人工处理，下一阶段再提升至 85%。"

3. 组织刺客

症状：场景需要跨部门协作，但各方互相推诿。

解药：成立"场景冲锋队"——从各部门抽调骨干，集中办公，奖金与场景成果强挂钩。

★ 激励设计：

☞ 即时奖励：每完成一个里程碑，发放小额奖金（如5000元）；

☞ 晋升特权：冲锋队成员优先获得晋级名额；

☞ 荣誉绑定：以场景名称命名团队（如"爆仓预测突击队"）。

3.3.5　实操工具箱

1. "痛点价值计算器"模板

自动计算场景的财务收益与优先级，支持Excel模板导入。痛点价值计算模板示例见表3-12。

表3-12　　　　　　　　痛点价值计算模板示例

字段	填写说明	示例数据
痛点描述	问题具体表现	仓库拣货错误率15%
发生频率	每日/周/月发生次数	日均错误50次
单次损失成本	包括时间、物料、赔偿等	200元/次
年化损失	（频率×单次成本）×365天	$50 \times 200 \times 365 = 365$（万元）
AI解决覆盖率	预计AI能解决的比例	80%
AI投入成本	开发＋部署＋运维3年总成本	120万元
年化净收益	（年化损失×覆盖率）－年化成本	$(365 \times 0.8) - 40 = 252$（万元）
优先级评分	（净收益/成本）×10	$(252/40) \times 10 = 63$（分）

📢 输出结果：

- 评分≥60 分：优先落地；

- 30 ~ 60 分：评估可行性；

- ≤30 分：暂缓。

2. MVP 速成手册

从数据准备到效果验证的 30 天行动计划。MVP 30 天行动计划示例见表 3 – 13。

表 3 – 13　　　　　　　　　MVP 30 天行动计划示例

阶段	关键任务	完成标准	责任人
Day 1 ~ 5	1. 明确 MVP 目标（如准确率≥70%）	签署《MVP 目标确认书》	业务负责人
	2. 锁定试点范围（3 个门店/10 台设备）	试点名单确认邮件	技术负责人
Day 6 ~ 15	3. 准备最小数据集（1000 条样本）	数据可用性验收报告	数据工程师
	4. 搭建简易原型（Excel/低代码平台）	原型通过业务验收	开发工程师
Day 16 ~ 25	5. 试点运行并收集反馈	每日问题记录表≥10 条	一线用户
	6. 迭代优化模型/流程	版本更新日志≥3 次	产品经理
Day 26 ~ 30	7. 输出 MVP 总结报告	包含收益对比与复制建议	项目经理

📢 避坑提示：

- 若 Day15 未完成数据验收，立即启动备选场景；

- 每日站会同步进展，问题不过夜。

3. "场景复利指数"评估表

判断场景是否具备扩展潜力（满分 10 分，≥7 分可优先投入）。场景复利指数评估示例见表 3 – 14。

表 3 – 14　　　　　　　　场景复利指数评估示例

评估维度	评分标准（1~2分）	示例得分
技术可复用性	1分：仅限单一场景；2分：模块化设计可迁移	2
数据累积性	1分：数据无复用价值；2分：数据可反哺其他场景	2
业务关联度	1分：独立场景；2分：与核心业务强关联	2
边际成本	1分：扩展成本高；2分：边际成本趋近于零	1
战略契合度	1分：短期收益；2分：符合长期战略	2
总得分	——	9

📢 使用说明：

- 每季度评估一次已落地场景；

- 高分场景优先分配资源，低分场景考虑收缩。

4. "避坑红宝书"

收录20个行业真实失败案例与教训，行业案例收录示例见表 3 – 15。

表 3 – 15　　　　　　　　行业案例收录示例

案例名称	失败原因	教训总结
AI 客服"鸡同鸭讲"事件	未考虑方言和口语化表达	必须包含真实语料训练
智能货架"误判门"	光线变化影响图像识别准确率	实地环境压力测试不可少
预测模型"过拟合"惨案	用实验室数据直接上线生产	必须验证数据分布一致性

📢 使用建议：

- 项目启动前团队集体学习相关案例；

- 设立"避坑检查点"（如数据验证、环境测试）。

📢 工具箱使用提示：

- 先量化，再决策：用"痛点价值计算器"避免主观臆断；

- 敏捷验证：严格按"MVP 设计清单"控制试错成本；

- 动态调整：定期用"场景复利指数"优化资源分配。

这些工具可直接嵌入组织流程，帮助业务与技术团队从"盲目试错"转向"精准打击"，让 AI 场景落地又快又稳。

找到对的场景，就像在深海潜水时戴上氧气面罩——它能让你活下来，这样才有机会看到海底的瑰丽风景。不必羡慕那些"高举高打"的明星项目，大多数组织的第一口 AI 氧气，往往来自某个被忽视的角落：可能是财务部每天手动核对的 500 张发票，可能是客服接听的 1000 通重复咨询，也可能是仓库里总找不对货架的菜鸟员工。当你用 AI 解决这些"小确烦"，就会发现——真正的颠覆式创新，往往始于一个不起眼的痛点。

3.4　选好技术，筑牢架构

如果把 AI 落地比作盖摩天大楼，技术选型就是打地基，架构设计就是画蓝图——地基打歪了，楼盖得再快也会塌；蓝图不清晰，盖到一半发现电梯井没留位置，只能拆了重来。许多组织 AI 项目烂尾，不是算法不够牛，而是栽在"技术债"上：今天用开源框架搭个"草台班子"，明天发现性能扛不住流量；今天图省事选个封闭系统，明天被厂商锁死任人宰割……

这一节的核心就一句大实话：技术没有好坏，只有合不合适。技术选型四象限见图 3 - 4。

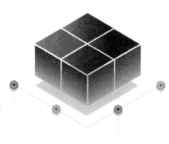

高成熟度+高适配性

闭眼选（如
PyTorch / TensorFlow）

低成熟度+低适配性

赶紧跑（如某些炒作概
念的无文档工具）

高成熟度+低适配性

谨慎用（如某些需要定
制化的行业专属框架）

低成熟度+高适配性

小步试（如新兴的垂直
领域AI工具）

图 3-4　技术选型四象限

3.4.1　技术选型：别被"炫技"带偏，只选对的，不选贵的

1. 避开"追星陷阱"——别把技术选型搞成"饭圈打榜"

反面案例：某创业公司 CTO 沉迷"技术潮流"，非要用最火的 Transformer 模型做智能客服，结果发现，训练成本是 LSTM 的 10 倍，响应速度还慢 2 秒，用户直接转人工。

正面解法：用"场景四问"破局：

☞ 算力够不够？

小公司用 CPU 跑轻量模型，比强上 GPU 卡成 PPT 更务实。

☞ 数据"脏"不"脏"？

数据质量差，选再"牛"的算法也是"垃圾进，垃圾出"。

☞ 人才有没有？

如果团队只会 Python，强推 Java 技术栈等于自找麻烦。

☞ 未来变不变？

选可扩展的技术，别让今天的选择堵死明天的路。

案例：某医院想用 AI 辅助读片，院长坚持买某国际大厂的"黑盒子系统"，结果发现接口不开放、无法适配本地病例数据。后来换成国产开源框架，三个月就训练出针对本地高发的尘肺病模型，成本仅为 1/5。

2. 技术选型四象限——把钢用在刀刃上

☞ 高成熟度 + 高适配性：

闭眼选（如 PyTorch/TensorFlow）。

☞ 高成熟度 + 低适配性：

谨慎用（如某些需要定制化的行业专属框架）。

☞ 低成熟度 + 高适配性：

小步试（如新兴的垂直领域 AI 工具）。

☞ 低成熟度 + 低适配性：

赶紧跑（如某些炒作概念的无文档工具）。

避坑工具：

☞"技术选型体检表"：从社区活跃度、文档完整性、厂商支持力度等 10 个维度打分。

☞"成本计算器"：对比本地部署、云端服务、混合模式的 3 年总成本（含隐藏的运维支出）。

3.4.2　架构设计：别学蜘蛛乱结网，要学蚂蚁建巢穴

1. 架构三原则——让系统能跑、能长、能变

能跑：先解决"有没有"，再考虑"好不好"。

☞ 反面教材：某电商公司花半年设计"完美架构"，结果错过"双十一"上线节点。

☞正面案例：某物流公司用现成微服务架构搭出第一版爆仓预测系统，3周上线，边跑边优化。

能长：预留扩展接口，像乐高积木一样可拼装。

☞技巧：用API网关隔离内部模块，未来新增功能只需"插拔"新服务。

能变：假设明天业务翻10倍，架构会不会崩？

☞压力测试：模拟峰值流量（如促销秒杀）冲击系统，专找薄弱环节。

2. 架构分层设计——像汉堡包一样层次分明

数据层（底层面包）：

☞核心任务：管好数据的"收、存、洗、送"。

☞避坑点：别让数据库成为性能瓶颈，冷热数据分离（热数据放内存，冷数据进仓库）。

算法层（中间肉饼）：

☞核心任务：模型训练、推理、版本管理。

☞避坑点：训练环境与生产环境隔离，避免"实验室神兽"上线变"弱鸡"。

应用层（顶层蔬菜）：

☞核心任务：对接业务系统，提供API或可视化界面。

☞避坑点：做好权限控制和审计日志，防止"实习生误删生产模型"。

案例：某银行智能风控系统采用分层架构，当法规要求新增反洗钱模块时，仅用2周就在算法层"插入"新模型，业务系统无感知切换。

3. 技术债管理——别让今天的捷径变成明天的悬崖

短期债（可控）：为赶进度写的临时代码，需标注"还债日期"。

长期债（危险）：选型错误导致架构缺陷，必须限期重构。

工具：用 SonarQube 等代码质量管理平台，定期扫描"技术债地图"。

3.4.3　实战指南：那些"稳如老狗"的技术组合

1. 中小企业的"平民套餐"

场景：预算有限、数据量小、无专业 AI 团队。

配方：

☞ 框架：PyTorch Lightning（简化开发）+ Hugging Face（预训练模型）。

☞ 部署：Docker 容器化 + Kubernetes（小规模集群）。

☞ 监控：Prometheus + Grafana（开源监控套件）。

案例：某奶茶连锁店用此套餐搭建"销量预测系统"，硬件成本不到 5 万元。

2. 大型企业的"豪华顶配"

场景：高并发、高可靠、多业务线协同。

配方：

☞ 框架：TensorFlow Extended（TFX 全流程管理）。

☞ 部署：混合云架构（敏感数据本地部署，计算密集型任务上云）。

☞ 安全：联邦学习（数据不出域）＋硬件级加密（如 Intel SGX）。

案例：某保险集团用此架构支撑全国 2000 万保单的 AI 核保，日均处理 10 万笔请求。

3. 传统行业的"平滑过渡"

场景：老系统难替换，需渐进式改造。

配方：

☞ 接口适配：用 RESTful API 封装老旧系统功能。

☞ 渐进迁移：新功能用微服务开发，逐步替代旧模块。

☞ 数据桥梁：建立实时数据管道（如 Kafka），打通新旧系统。

案例：某钢铁厂保留原有 MES 系统，新增 AI 工艺优化模块，年节省焦炭成本 800 万元。

3.4.4 避坑指南：技术选型的"四大杀手"

1. 杀手一：盲目追求"技术先进性"

症状：非要用 AlphaGo 同款算法预测食堂菜品销量。

解药：记住"能用螺丝刀就别上电钻"。

2. 杀手二：被厂商"绑架式销售"

症状：某 CRM 厂商说"买我家 AI 模块，否则旧系统不维护"。

解药：优先选开源方案，合同注明数据可迁移权。

3. 杀手三：忽视"隐形成本"

症状：贪便宜选某低价云服务，结果流量费超标 10 倍。

解药：用 TCO（总拥有成本）模型算三年账，包含人力、运维、升级费用。

4. 杀手四：技术团队"闭门造车"

症状：开发半年才发现业务需求变了。

解药：技术 Leader 每周参加业务例会，用敏捷开发快速响应。

3.4.5　实操工具箱

1. "技术选型决策树"

通过 11 个关键问题，自动生成技术选型建议（适合中小企业和传统行业）。

（1）问题清单。

★ 业务场景类型：

☞ 高并发实时（如金融交易）；

☞ 低频高精度（如医疗影像分析）；

☞ 长尾碎片化（如零售推荐）。

★ 数据规模与质量：

☞ 数据量：<1TB/1 ~ 10TB/ > 10TB；

☞ 数据质量：结构化且干净/半结构化需清洗/非结构化无标注。

★ 团队技术能力：

☞ 有专职 AI 工程师；

☞ 仅有 IT 运维人员；

☞ 需外包开发。

★ 预算与时间：

☞ 预算 <10 万元，3 个月内上线；

☞ 预算 10 万 ~ 50 万元，6 个月迭代；

☞ 无明确预算，长期投入。

（2）决策输出示例。

若选择"高并发实时 + 数据量 1 ~ 10TB + 有专职团队 + 预算 10 万 ~ 50 万元"，推荐方案：

☞ 框架：TensorFlow Serving（高性能推理）；

☞ 部署：Kubernetes 集群 + 云原生数据库；

☞ 监控：Prometheus + 自定义告警规则。

2. "架构健康度评分卡"

从性能、扩展性、安全性等 5 个维度评估现有架构的健康度，满分 25 分，低于 15 分需紧急优化。架构健康度评分示例见表 3 - 16。

表 3 - 16　　　　　　　　　　架构健康度评分示例

评估维度	评分标准（1 ~ 5 分）
性能	1 分：峰值流量下系统崩溃；5 分：支持自动弹性扩容，响应延迟 < 100ms
扩展性	1 分：新增功能需重构；5 分：模块化设计，支持"插拔式"扩展
安全性	1 分：无权限控制；5 分：全链路加密 + 审计日志 + 定期攻防演练
可维护性	1 分：文档缺失，仅原开发人员能维护；5 分：自动化运维 + 详细 SOP 手册
成本效益	1 分：资源浪费严重；5 分：按需分配资源，闲置率 < 10%

📢 使用指南：

• 每月由技术、运维、业务三方代表联合打分；

• 针对低分项制定"90 天改进计划"，例如：

　○ 扩展性 3 分→引入 API 网关，解耦核心模块。

3. "技术债追踪表"

记录技术债务明细，避免"隐形炸弹"爆发。技术债明细追踪示例见表 3 - 17。

表 3 – 17　　　　　　　　　　技术债明细追踪示例

债务类型	责任人	产生原因	影响范围	解决期限	优先级 （P0 – P3）
临时加密方案	张三	赶工上线未做合规	用户隐私泄露风险	2023 年 12 月 31 日	P1
单体架构耦合	李四	初期设计简化	无法支持新功能	2024 年 3 月 31 日	P2
老旧数据库	王五	历史系统未迁移	查询性能下降 50%	2024 年 6 月 30 日	P3

管理规则：

- P0（致命）：必须 7 天内解决；

- P1（严重）：需 1 个月内制定方案；

- P2/P3（一般）：纳入季度技术规划。

4. "厂商话术破解指南"

识破"终身免费"等常见销售套路，守住技术自主权。厂商话术破解指南见表 3 – 18。

表 3 – 18　　　　　　　　　　厂商话术破解指南

厂商话术	潜在风险	破解策略
"终身免费升级"	隐性绑定高额服务费	要求书面承诺"3 年内基础功能免费"，并明确后续服务费率
"我们的方案最先进"	技术过度复杂，超出实际需求	反问："能否用我们的历史数据跑一个 Demo？效果达标再谈合同"
"只有我们能做"	虚假竞争壁垒	调研开源替代方案（如 Hugging Face、Apache 开源项目），要求厂商对比优势点

案例：

某厂商声称"AI 质检准确率 99%"，企业要求其用自有的 5000 张缺陷图片测试，实际准确率仅72％，避免被夸大宣传误导。

技术是手段，不是目的。AI技术再炫酷，也不过是业务的"打工人"——它的价值不在于用了多"牛"的算法，而在于解决了多少实际问题。就像装修房子，有人迷恋意大利进口瓷砖，结果预算超支只能睡毛坯；有人精打细算，用国产建材装出实用温馨的家。技术选型的智慧，在于知道什么时候该"壕无人性"，什么时候要"精打细算"。当你用合适的技术筑牢地基，用灵活的架构预留生长空间，AI这座大厦才能历经风雨，稳如磐石。

3.5 治理数据，夯实根基

AI圈子里流传着一句黑色幽默："AI项目搞不成，八成是数据在挖坑。"

如果把AI比作一辆超级跑车，数据就是汽油——再强的引擎，灌进劣质油也会爆缸熄火。现实中，许多组织AI项目看似轰轰烈烈，实则困在"数据沼泽"里：数据散落在几十个系统里像"信息孤岛"，格式混乱如"方言大战"，质量差到连AI都"闹罢工"。这样的数据"喂"给AI，就像逼着法拉利在泥坑里飙车，再强的引擎也得"趴窝"。

本节将告诉你一个行走AI江湖必不可缺的"武林秘籍"：数据是AI的"命根子"，AI的本质就是——"数据炼金术"：垃圾数据炼出废铁，黄金数据炼出真金。数据治理不是锦上添花，而是生死存亡——它决定了

AI 是成为企业的"利润引擎"，还是"合规炸弹"。数据治理四大要素见图 3 – 5。

图 3 – 5　数据治理四大要素

3.5.1　数据治理：别让 AI"吃坏肚子"

1. 数据质量的"三重罪"

（1）"脏"数据：就像让 AI 吃馊饭。

案例：某银行用客户地址数据训练推荐模型，结果发现，"北京朝阳区"有 30 种写法（朝阳区、朝陽區、Chaoyang…），模型直接"味觉失灵"。

解法：建立"数据质检流水线"——用规则引擎（如正则表达式）自动清洗，人工抽检率＜5%。

（2）碎数据：数据像打碎的镜子，拼不出全貌。

案例：某零售商线上订单数据在 ERP，用户行为数据在 App 后台，促销数据在 Excel——AI 预测销量时只能"盲人摸象"。

解法：搭建企业级数据中台，用 API 网关打通系统，像拼乐高一样整合数据。

（3）僵尸数据：十年陈年老数据，AI吃了"拉肚子"。

案例：某工厂用5年前的生产数据训练AI，结果新设备"上马"后模型全面失效。

解法：建立"数据保鲜期"制度，超期数据自动归档，动态更新训练集。

2. 数据治理"三板斧"

（1）第一斧：定标准。

☞ 字段命名：全公司统一"客户ID"叫"CustID"，不是"UserID""CID"。

☞ 数据字典：用Wiki维护每个字段的定义（如"销售额＝含税成交额－退货额"）。

案例：某物流公司统一全国200个仓库的"库存状态"编码，数据接入效率提升3倍。

（2）第二斧：建流水线。

☞ 采集：埋点工具（如神策、GrowingIO）自动抓取用户行为数据。

☞ 清洗：用Python脚本或工具（如Trifacta）剔除重复、无效数据。

☞ 存储：分层存储（热数据放ClickHouse实时查询，冷数据进Hadoop归档）。

（3）第三斧：配管家。

☞ 数据Owner：每个核心字段指定责任人（如"客户手机号"归口市场部）。

☞ 数据血缘图：用工具（如Apache Atlas）追踪数据从采集到应用的完整路径。

☞ 奖惩机制：数据质量达标率纳入KPI，垫底部门罚请全员喝奶茶。

3.5.2　数据整合：别让系统"各说各话"

1. 破局"数据巴别塔"

企业常见的数据混乱现场：

☞ 系统方言：CRM 里"客户状态"用数字（1 = 活跃，2 = 流失），ERP 里用字母（A = 活跃，B = 流失）。

☞ 时间黑洞：电商大促期间，订单数据时间戳有北京时间、UTC，甚至手动输入"双 11 凌晨"。

☞ 单位战争：采购系统用"吨"，生产系统用"千克"，财报系统用"磅"。

解法：

☞ 中间语言：设定企业统一数据标准，各系统通过 ETL 工具（如 Kettle）转换对齐。

☞ 时间领主：全公司采用同一时钟源（如 NTP 服务器），关键业务数据带时区标记。

☞ 单位警察：开发单位转换微服务，实时处理"吨转千克""美元转人民币"。

2. 数据湖 vs 数据仓库——选对"数据容器"

（1）数据湖（Data Lake）。

适合场景：原始数据多样（文本、图片、日志），需灵活探索。

风险：容易变成"数据沼泽"，需严格元数据管理。

案例：某视频平台用数据湖存储用户观看行为，AI 团队从中挖掘出

"倍速播放高峰时段"优化推荐策略。

（2）数据仓库（Data Warehouse）。

适合场景：结构化数据为主，需高效分析。

风险：Schema 变更成本高，灵活性差。

案例：某银行用 Snowflake 数据仓库支撑风控模型，查询速度提升 10 倍。

（3）选型口诀。

数据乱如麻，先扔湖里泡；

若要跑得快，仓库建起来；

湖仓一体化，未来不用怕。

3.5.3　数据安全：别让"宝藏"变"炸弹"

1. 数据安全的"三道防线"

（1）第一道：权限锁。

☞ 最小权限原则：客服只能看客户手机号后四位，财务无权访问用户行为数据。

☞ 动态脱敏：查询身份证号时，非授权人员看到"110 ***********1234"。

案例：某政务平台用 RBAC（基于角色的访问控制）模型来管理用户的访问权限，数据泄露事件归零。

（2）第二道：加密盾。

☞ 传输加密：全站 HTTPS + SSL 证书，防止数据在传输中被截获。

☞ 存储加密：数据库字段级加密（如 AES - 256），硬盘级加密。

案例：某支付公司硬盘被盗，但因全盘加密，黑客无法破解用户数据。

（3）第三道：审计眼。

☞ 操作留痕：谁在什么时候查了哪些数据，全部记录可追溯。

☞ 异常预警：用 AI 监测异常访问（如凌晨 3 点批量导出数据），自动触发告警。

案例：某医院审计日志发现实习生违规查询明星病历，及时避免公关危机。

2. 隐私合规“避雷针”

欧盟《通用数据保护条例》（GDPR）/《中华人民共和国个人信息保护法》：

☞ 用户授权：默认不收集敏感信息，必须勾选同意书。

☞ 被遗忘权：用户可要求删除数据，系统需支持“一键擦除”。

反踩坑工具：

☞ 合规检查表：含数据隐私和安全必检项（如“是否过度收集住址信息”）。

☞ 隐私计算：用联邦学习、多方安全计算技术，实现“数据可用不可见”。

3.5.4　数据价值：从“成本黑洞”到“利润油田”

1. 数据变现“三条路”

（1）对内提效。

案例：某快递公司用历史路线数据训练 AI 调度系统，单车日均派件量从 120 件升至 180 件。

（2）对外赋能。

案例：某电网将用电数据脱敏后，卖给家电厂商优化产品设计，年收入超2亿元。

（3）跨界创新。

案例：某健身房用会员体测数据＋穿戴设备数据，与保险公司联合开发"健康险"，会员续费率提升40%。

2. 数据资产"记账法"

数据资产评估模型：

☞ 存量价值：数据量×稀缺性系数（如医疗数据稀缺性＝3，普通日志＝1）。

☞ 流量价值：日均调用次数×单次调用单价（如金融风控数据单次调用0.1元）。

☞ 衍生价值：通过数据孵化新业务的预估收益。

案例：某零售企业将数据资产计入财报，估值提升30%。

3.5.5 避坑指南：数据治理的"四大天坑"

1. 天坑一：贪大求全

症状：非要搞"集团级数据中台"，三年没上线。

解药：从某个业务线（如供应链）切入，小步快跑。

2. 天坑二：技术至上

症状：买了最贵的工具，但业务部门不配合填数据。

解药：让业务骨干担任数据 Owner，与奖金挂钩。

3. 天坑三：忽视冷数据

症状：所有资源砸向实时数据，历史数据成了"废矿"。

解药：定期"数据考古"，从老数据中挖出新价值（如分析 10 年客诉数据优化产品设计）。

4. 天坑四：闭门造车

症状：数据标准脱离行业实际，无法与合作伙伴对接。

解药：参与行业数据联盟（如医疗 HL7 标准），保持外部兼容性。

3.5.6　实操工具箱

1. "数据质量检查表"

表 3 - 19 列出了自动化检测 20 类常见数据问题。

表 3 - 19　　　　　　　　自动化检测 20 类常见数据问题

问题	内容	示例	修复建议
缺失值检测	识别空值、默认填充值（如"NULL""未知"）	用户地址字段存在30%空值	填充合理值或标注缺失原因
异常值筛查	数值型字段超出合理范围（如年龄 > 150 岁）	订单金额出现负数	设置阈值规则，人工复核
格式一致性	日期格式（YYYY - MM - DD vs MM/DD/YYYY）、单位统一（kg vs 公斤）	日期"2023/13/32"非法	正则表达式强制校验
重复值标记	完全重复记录、近似重复（如"北京市朝阳区" vs "北京朝阳区"）	同一用户 ID 重复注册	模糊匹配去重，保留最新纪录

问题	内容	示例	修复建议
数据类型不匹配	字段实际类型与定义不符（如数字存为文本）	价格字段含"￥100"字符	强制类型转换，清理非法字符
逻辑矛盾	数据逻辑冲突（如出生日期晚于入职日期）	患者"死亡时间"早于"入院时间"	业务规则引擎校验
时间有效性	时间字段非法（如未来时间或无效历史日期）	订单日期为"3023 年"	限制时间范围为合理区间
外键完整性	关联表数据缺失（如订单中的用户 ID 不存在）	商品 ID 在商品表中无对应记录	级联删除或补全外键数据
编码不一致	同一字段多套编码（如性别"男/女"vs"M/F"）	地区编码混用"CN"和"中国"	映射表统一标准化
单位混乱	单位未统一（如重量用"kg""磅""斤"混用）	商品重量字段含"500克""0.5kg"	转换为标准单位（如公斤）
数据冗余	存储重复或无意义字段（如"备注：无"）	用户表中冗余存储计算字段（如年龄＝当前年－出生年）	删除冗余字段，动态计算
数据过时	数据未及时更新（如用户手机号已换未同步）	企业联系方式为 5 年前信息	设置数据保鲜期，定期清理
来源可信度	数据来源未经验证（如爬虫抓取虚假信息）	商品评论中检测到机器生成内容	接入权威数据源，人工抽检
敏感数据泄露	隐私数据未脱敏（如身份证号明文存储）	用户表完整显示银行卡号	加密或部分隐藏（如"6217 ********1234"）
数据分布异常	统计分布不符合预期（如某地区用户占比99%）	某商品销量突增 100 倍，无促销活动	分析原因，排除刷单
必填字段缺失	强制字段为空（如订单号未生成）	用户注册时未填写手机号	前端校验＋后端兜底补全
数据格式错误	字段格式非法（如电话号码含字母）	邮箱地址缺少"@"符号	正则表达式校验（如^\w+@\w+\.\w+$）

续表

问题	内容	示例	修复建议
唯一性冲突	应唯一字段重复（如用户ID、订单号重复）	两个订单共享同一流水号	数据库唯一索引约束
时效性延迟	数据更新滞后（如库存数据未实时同步）	用户支付后订单状态仍为"待付款"	优化 ETL 链路，减少延迟
语义错误	数据值语义错误（如商品类目分类错误）	将"笔记本电脑"归类为"食品"	构建业务词典，AI 辅助修正

📢 使用说明：

- 使用场景：数据接入前全量扫描，每周例行巡检。

- 使用方法：

☞ 自动化脚本：通过 Python Pandas、Great Expectations 或 Debezium 实时检测。

☞ 优先级排序：安全类问题（如敏感数据泄露）立即修复，逻辑矛盾次之。

☞ 闭环管理：检测→标记→修复→复验，形成数据质量提升闭环。

此表可集成至数据治理平台，定期生成质量报告，驱动业务与技术协同优化。

示例脚本（Python）见图 3-6：

```python
import pandas as pd
def data_quality_check(df):
    #缺失值检测
    missing_report = df.isnull ().sum()
    #异常值检测(假设年龄字段)
    age_outliers = df[(df['age']<0)I ( df['age']> 100)]
    #格式检测(日期)
    date_format_errors = df[~df['date'].str.match(r'\d{4}-\d{2}-\d{2}')]
    return missing_report, age_outliers, date_format_errors
```

图 3-6　示例脚本（Python）

2. "数据血缘追踪工具"

开源版 Apache Atlas 部署指南＋企业级改造方案。

功能：追踪数据从采集到消费的全链路。

部署步骤：

☞ 安装：Docker 一键部署 Apache Atlas；

☞ 接入数据源：配置 Hive、Kafka 等数据源连接；

☞ 血缘标注：在 ETL 任务中插入元数据标记；

☞ 可视化查询：通过 Web 界面查看数据流向。

案例：某银行追踪发现"客户信用评分模型"依赖的原始数据已过期，及时更新后模型效果提升 25%。

3. "隐私合规红绿灯"

功能：一键扫描数据表，标记敏感字段并生成整改建议。

核心规则：

☞ 红灯（高危）：身份证号、手机号、生物特征；

☞ 黄灯（警告）：地址、消费记录、IP 地址；

☞ 绿灯（安全）：脱敏后的统计指标。

输出示例见图 3-7：

```
表名: user_info
红灯字段: id_card（需加密）
黄灯字段: address（需脱敏为"北京市***"）
```

图 3-7　输出示例

4. "数据资产评估模板"

功能：量化数据资产价值。

计算维度：

☞ 存量价值：数据量（TB）×稀缺系数（1~5分，如医疗数据=5）；

☞ 流量价值：日均调用次数×单价（如风控数据单次0.01元）；

☞ 衍生价值：通过数据孵化新业务的预期收益（如用户画像赋能广告收入）。

示例报表见表3-20：

表3-20　　　　　　　　　数据资产评估示例报表

数据资产	存量价值	流量价值	衍生价值	总估值
用户行为日志	200万元	50万元/月	300万元	550万元

5. "数据治理奖惩制度"

KPI绑定方案+文化标语（如"垃圾数据是全民公敌！"）。

KPI绑定方案示例：

☞ 奖励：数据质量达标率>95%的部门，季度奖金+10%；

☞ 惩罚：连续两月垫底部门，负责人参加数据治理培训并公开复盘。

文化标语示例：

☞ "垃圾数据是全民公敌！"

☞ "今天不洗数据，明天被数据洗！"

数据是AI世界的"新石油"，但比石油更珍贵。石油越用越少，数据越用越多——每一次AI模型的训练、每一次业务决策的优化，都在让数据资产增值。治理数据不是"烧钱打地基"，而是"埋下摇钱树"。当拥有干净、安全、流动的数据生态时，AI才能真正从"实验室玩具"进化为"商业核武器"。

3.6　锤炼模型，兼顾性能

如果说数据是 AI 的"血肉"，算法是"筋骨"，那么模型便是将两者熔铸成形的"灵魂工匠"。现实中，许多企业手握顶级算力和海量数据，却造不出好用的 AI，问题往往藏在细节里：

☞"贪吃蛇式训练"：盲目投喂数据，模型学了一身"虚胖"本领，看似全能实则无用；

☞"闭门造车式开发"：技术团队埋头调参，业务需求早已跑偏，上线即报废；

☞"纸老虎式性能"：实验室里准确率99%，真实场景却卡成"PPT"，用户怒摔键盘。

这一节不讲高深理论，只谈血泪经验——模型锤炼没有"一招鲜"，唯有死磕三个字：准、快、稳。模型锤炼六大关键步骤见图 3-8。

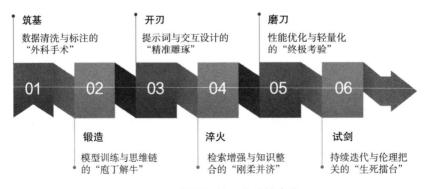

图 3-8　模型锤炼六大关键步骤

3.6.1　筑基：数据清洗与标注的"外科手术"

1. 数据是"食材"，干净才能出好菜

反面案例：某电商将获取的商品描述中混入乱码（如"羽绒服 ＊＊ ＆％ 轻#薄"），训练出的推荐模型把"轻薄款"推给北极探险用户，退货率飙升。

清洗四刀法：

☞去杂质：正则表达式过滤特殊符号（如"@#￥%"）；

☞补残缺：用相似数据填充缺失值（如"用户年龄缺失→按购物偏好推测区间"）；

☞杀噪声：剔除重复点击、机器刷单等干扰数据；

☞消偏见：平衡男女比例、地域分布，避免模型"重男轻女""嫌贫爱富"。

2. 标注是"教辅书"，差一行谬以千里

标注三原则：

☞场景真实：例如，医疗影像标注需涵盖不同设备（CT/MRI）、不同光照条件；

☞细节极致：例如，自动驾驶数据中，连雨天反光路面的一只塑料袋也要标清；

☞业务导向：例如，金融风控模型标注时，"短期频繁借贷"比"单次逾期"更危险。

案例：某物流公司标注"异常包裹"时，不仅标出破损位置，还记录跌落高度、撞击角度，AI 模型学会预判"内件损伤概率"，理赔纠纷减少70%。

3.6.2　锻造：模型训练与思维链的"庖丁解牛"

1. 小模型 vs 大模型：不是选美，而是选工具

（1）小模型（如 MobileNet）。

☞优势：速度快、成本低，适合边缘设备（如工厂摄像头）；

☞案例：某快餐连锁用轻量模型实时监控油温，炸鸡口感标准差从 15% 降至 3% 。

（2）大模型（如 GPT – 4）。

☞优势：理解复杂语境，适合知识密集型场景（如法律咨询）；

☞陷阱：某公司用 GPT – 4 写产品文案，结果生成"量子力学级保湿"这类玄幻描述，市场部连夜删稿。

2. 植入思维链：让模型学会"先思考，后回答"

（1）传统模型：用户问"合同第 8 条：'若一方违约，需向守约方赔偿相当于合同总金额 200% 的违约金。'风险在哪？"，直接输出结论："建议调整为：赔偿实际损失 130% 。"（业务表示"有点懵"）

（2）思维链模型：分步推理。

第一步：明确条款内容与潜在风险。

★ 条款核心：违约方比例为合同总金额的 200%（假如合同总价 100 万元，违约金为 200 万元）

★ 风险点：

☞违约金金额可能显著高于实际损失，存在被法院或仲裁机构认定为"过高"的风险。

☞ 违约方可能主张条款显失公平，要求调整或撤销。

第二步：法律依据与司法实践标准。

★《中华人民共和国民法典》第五百八十四条：

当事人一方不履行合同义务或者履行合同义务不符合约定，造成对方损失的，损失赔偿额应当相当于因违约所造成的损失，包括合同履行后可以获得的利益；但是，不得超过违约一方订立合同时预见到或者应当预见到的因违约可能造成的损失。

关键点：违约金需以实际损失为基础，并符合可预见性原则。

★ 司法解释与裁判规则：

《最高人民法院关于适用〈中华人民共和国民法典〉合同编通则若干问题的解释》第六十五条：

当事人主张约定的违约金过分高于违约造成的损失，请求予以适当减少的，人民法院应当以民法典第五百八十四条规定的损失为基础，兼顾合同主体、交易类型、合同的履行情况、当事人的过错程度、履约背景等因素，遵循公平原则和诚信原则进行衡量，并作出裁判。

约定的违约金超过造成损失的百分之三十的，人民法院一般可以认定为过分高于造成的损失。

推理结论：

200% 违约金若无法证明与实际损失的关联性，可能被认定为"过分高于损失"。

第三步：量化风险与建议调整。

★ 风险量化示例：

假设合同总金额 100 万元，实际损失为 50 万元（如利润损失、替代交易成本等）。

现行条款违约金：100 万元 × 200% ＝ 200 万元。

司法支持上限：50 万元 ×130% ＝65 万元（实际损失 ＋30%）。

★ 调整建议：

方案 1（明确比例）：

"违约方赔偿守约方实际损失的 130%。"

方案 2（动态计算）：

"违约方赔偿实际损失，具体金额根据《中华人民共和国民法典》第五百八十四条确定，若双方对损失金额存在争议，可委托第三方机构评估。"

训练秘诀：

☞ 数据标注时留痕迹：在训练数据中保留人类决策的中间步骤；

☞ 添加提示词强制分步："请逐步分析，最后用一句话总结"；

☞ 让模型自我质疑自我纠错："这一步是否有法律依据？"

案例：某法律咨询 AI 接入思维链后，合同审查错误率从 15% 降至 3%，因为它会逐步检查"签约主体→权利义务→违约条款→争议解决"，而非一次性输出结论。

3.6.3　开刃：提示词与交互设计的"精准雕琢"

1. 提示词是"咒语"，念对了才能"召唤神龙"

青铜级提问："分析销售数据。"（模型丢出一堆图表，业务看不懂）。

王者级提问："你是销售总监，需向老板汇报三件事：

☞ 哪些产品卖爆了？

☞ 库存积压最严重的是什么？

☞ 下月主推什么？用小学生都能懂的比喻说清楚。"

行业秘籍见表 3 - 21：

表 3 - 21　　　　　　　　　　　行业级提示词模板示例

场景	核心要素	示例
客服投诉处理	共情＋解决方案＋补偿	"用户抱怨物流慢，请先道歉，再解释原因并送券。"
医疗报告生成	专业术语转白话＋风险提示	"将'肺部结节影'改为'发现一个小阴影，需进一步检查'。"
金融风险预警	数据支撑＋合规话术	"指出贷款逾期风险时，需引用《征信管理条例》第 X 条。"

2. 交互设计：让模型"说人话、办人事"

反面案例：某政务 AI 客服回答政策咨询时，直接粘贴法律条文，用户怒骂"还不如自己查！"

人性化设计四原则：

☞ 场景化：根据用户身份调整表达（如对老人用语音，对工程师用代码示例）；

☞ 渐进式：复杂问题分步引导（如报税 AI 先问"您是个人还是企业？"再展开）；

☞ 容错性：识别用户表述错误（如将"个人所税"纠正为"个人所得税"）；

☞ 可干预：允许用户中途修正（如"刚才说得不对，我要重新描述"）。

3.6.4　淬火：检索增强与知识整合的"刚柔并济"

1. 检索增强：给模型装上"实时搜索引擎"

痛点：

☞ 大模型的训练数据是静态的，不知道"今天天气如何"；

☞ 组织私密知识（如内部流程、档案）不能全塞进模型。

解法三步走：

☞ 建库：把产品文档、行业法规、历史工单转为向量存入数据库；

☞ 检索：当用户提问时，实时检索相关内容；

☞ 合成：模型结合检索结果生成最终答案。

案例：某保险 AI 接入最新理赔政策库后，回答时效从"隔夜回复"变为"秒级响应"，客服人力节省 50%。

2. 知识融合：让模型"博古通今"

冷知识激活：用提示词唤醒模型学过的冷门知识。

示例："请结合《梦溪笔谈》中的古代气象记录，分析本次台风路径。"

多模态扩展：让模型理解图片、表格、语音等多模态信息。

案例：某工业 AI 通过分析设备振动频谱图＋历史维修记录，故障预测准确率提升至 90%。

3.6.5 磨刀：性能优化与轻量化的"终极考验"

1. 模型瘦身：从"大象"到"猎豹"

技术三板斧：

☞ 知识"蒸馏"：让大模型（老师）教小模型（学生），保留核心能力。

案例：某政务 App 的 AI 助手经"蒸馏"后，体积缩小 10 倍，老年用户手机也能流畅运行。

☞ 量化压缩：将参数从 32 位浮点数转为 8 位整数，内存占用减少 75%。

陷阱：某工厂过度压缩导致小数点精度丢失，AI 质检误判率飙升，损失上百万元。

☞ 剪枝去冗余：删除对结果影响微弱的神经元（如"鸡肋参数"）。

2. 推理加速：让模型"快如闪电"

硬件加速：

☞ 云端：英伟达 A100 GPU，适合高并发（如"双 11"秒杀）；

☞ 边缘端：树莓派 + Intel 神经计算棒，成本 < 500 元（如农田病虫害检测）。

软件加速：

☞ 缓存预热：高频问题预存答案（如"营业时间""运费规则"）；

☞ 批量处理：10 条语音转文本请求合并计算，效率提升 8 倍。

案例：某直播平台的 AI 弹幕审核系统，通过缓存 + 批量处理，峰值并发能力提升 8 倍。

3.6.6　试剑：持续迭代与伦理把关的"生死擂台"

1. 模型监控的"三盏红灯"

准确率下跌：每周人工抽检 100 条结果，跌幅 > 5% 立即报警；

响应延迟：设定 SLA 红线（如 95% 请求 < 2 秒），超时则触发降级策略；

资源过载：GPU 利用率 > 90% 时，自动限流或扩容。

2. 迭代机制

数据反哺：将用户纠错信息加入训练集；

A/B 测试：新旧模型并行运行，优者胜出。

3. 伦理审查：给 AI 戴上"紧箍咒"

风险场景：

☞ 招聘模型：若数据中男性简历居多，可能歧视女性；

☞ 信贷模型：根据地区经济差异定价，涉嫌"地域歧视"。

解药：

☞ 建立"AI 伦理委员会"，业务、法务、技术三方联审；

☞ 添加提示词约束："需符合《中华人民共和国劳动法》第××条，不得暗示性别偏好。"

3.6.7　避坑指南：模型锤炼的"七宗罪"

1. 贪大求全

迷信千亿参数大模型，结果业务场景只用到了 5％ 的功能。

解药：先跑通 MVP，再逐步升级。

2. 闭门造车

技术团队不与业务部门对齐需求，开发出"空中楼阁"。

解药：每周召开"需求翻译会"，业务提痛点，技术讲解法。

3. 数据洁癖

非要等数据 100％ 干净再训练，错过市场窗口期。

解药：允许用 80％ 干净数据启动，剩余边跑边洗。

4. 忽视伦理

模型推荐"高利贷"给低收入人群，引发舆论危机。

解药：设立伦理审查委员会，所有模型上线前需通过价值观测试。

5. 性能陷阱

盲目追求准确率，导致响应速度跌破用户体验底线。

解药：制定平衡指标（如准确率≥90%且响应速度＜1.5秒）。

6. 知识过时

政策法规已更新，模型还在用旧规则回答。

解药：建立知识库联动机制，文档更新自动触发模型微调。

7."黑箱"操作

模型决策过程不透明，业务部门不敢用。

解药：输出推理过程日志（如思维链），关键决策可追溯。

3.6.8　实操工具箱

1."模型健康体检表"

表3-22是涵盖数据层、模型层、性能层、业务层、安全与合规层、部署与运维层、伦理与公平性层的30项模型健康检测项，旨在全面评估模型全生命周期健康度。

表 3 – 22   模型健康体检表

层级	检测项	检测方法	示例	修复建议
数据层（6项）	训练集/测试集分布差异	计算特征均值和方差差异（如 KL 散度 > 0.1 需预警）	训练集用户年龄均值 30 岁，测试集均值 45 岁	重新采样或调整数据划分策略
	特征缺失率	统计各特征缺失值比例（阈值≤5%）	"用户收入"字段缺失率 15%	填充中位数或删除高缺失率特征
	数据泄露风险	验证测试集是否混入训练数据（如时间序列数据未严格隔离）	用未来数据预测过去事件	重新划分数据集，确保时序隔离
	异常值比例	统计超出 3σ 范围的数据点占比（阈值≤1%）	"单日消费金额"出现 100 万元异常记录	截断或 Winsorize 处理
	标签一致性	人工抽检标注错误率（如分类任务错误标签 >2%）	"猫"图片被误标为"狗"	清洗数据并重新训练
	特征重要性漂移	对比上线前后特征重要性排名变化（如 Top3 特征变动）	上线后"用户年龄"重要性从第 1 位跌至第 10 位	监控特征稳定性，重建模型
模型层（8项）	准确率（Accuracy）	整体预测正确率（阈值依业务设定，如≥85%）	垃圾邮件识别准确率 92%	调整分类阈值或优化特征工程
	召回率（Recall）	正样本识别率（如癌症检测模型召回率≥90%）	信贷欺诈召回率仅 70%，漏杀高风险交易	降低分类阈值，增加代价敏感学习
	F1 值	精确率与召回率的调和平均（不平衡数据重点指标）	F1 值从 0.82 降至 0.75，模型性能退化	重新平衡类别权重
	AUC-ROC 曲线	AUC 值（二分类模型≥0.9 为优秀）	AUC = 0.65，模型区分能力不足	检查特征有效性，尝试集成学习
	混淆矩阵分析	统计 FP/FN 比例（如误杀正常用户数 >5% 需干预）	将 10% 正常交易误判为欺诈	调整代价矩阵，优化阈值
	模型校准度	预测概率与实际频率匹配（如 Brier Score ≤0.1）	预测"80% 概率下雨"实际下雨仅 50%	应用 Platt Scaling 或 Isotonic Regression

续表

层级	检测项	检测方法	示例	修复建议
模型层（8项）	过拟合检测	训练集准确率远高于测试集（差值＞15%）	训练集准确率98%，测试集70%	增加正则化，减少模型复杂度
	版本一致性	同一输入在不同版本模型中的输出差异（如概率波动＞10%）	用户信用评分v1.2比v1.1平均高20分	记录版本变更影响，灰度发布
性能层（6项）	单次推理耗时（P99）	99%请求响应时间（如API≤200ms）	图像分类模型P99延迟＝500ms	模型量化、缓存预热
	GPU内存占用	推理时显存使用量（如≤80%显存上限）	显存占用11GB/12GB，易触发OOM	优化Batch Size，启用动态显存分配
	吞吐量（QPS）	每秒处理请求数（如≥1000 QPS）	实时推荐系统QPS＝500，高峰期拥堵	水平扩展，启用异步处理
	CPU利用率	推理服务CPU使用率（阈值≤70%）	CPU峰值利用率95%，线程阻塞严重	优化代码并行度，升级硬件
	模型加载时间	冷启动加载模型至可服务状态耗时（如≤10秒）	启动加载耗时2分钟，影响灾备切换	模型分片加载，预热常驻内存
	弹性伸缩能力	模拟流量翻倍，验证自动扩容耗时（如≤3分钟）	扩容延迟10分钟，导致服务降级	预置弹性资源池，优化K8s HPA参数
业务层（5项）	用户投诉率	AI相关投诉占整体投诉比例（阈值≤5%）	30%投诉指向"推荐不相关商品"	AB测试优化推荐策略
	业务转化率	AI驱动的核心转化率（如点击→下单率≥3%）	智能客服转化率从5%跌至2%	分析对话路径，补充知识库
	用户留存率	使用AI功能的用户7日留存率（如≥40%）	留存率仅20%，用户快速流失	增加用户引导，优化体验
	ROI（投入产出比）	（AI带来收益−成本）/成本（如≥200%）	AI营销系统年成本100万元，创收80万元	砍掉低效场景，聚焦高价值需求
	A/B测试胜率	新模型对比旧模型的胜率（如≥60%为有效）	新推荐模型在10%流量下转化率提升不明显	延长测试周期，调整评估维度

层级	检测项	检测方法	示例	修复建议
安全与合规层（3项）	隐私数据泄露风险	模型是否记忆训练数据（如通过成员推断攻击检测）	输入"张三，身份证310＊＊＊"可还原完整信息	差分隐私训练，脱敏处理
	对抗样本鲁棒性	注入扰动后模型准确率下降幅度（如≤10%）	添加噪声后图像分类错误率从5%飙升至50%	对抗训练，输入预处理
	合规性审计	模型是否符合行业法规（如GDPR、HIPAA）	未提供"拒绝自动化决策"选项	增加人工复核通道，更新用户协议
部署与运维层（2项）	模型监控覆盖率	关键指标（如准确率、延迟）是否100%纳入监控	未监控特征漂移导致线上事故	完善监控大盘，设置智能告警
	回滚能力	模型故障后回滚至历史版本的耗时（如≤5分钟）	回滚需手动操作，耗时30分钟	自动化版本管理，预置回滚流水线

📢 使用说明：

• 评分规则：每项满分3分，按严重程度扣分（0＝正常，1＝警告，2＝严重，3＝致命）。

• 健康等级：

90~100分：健康，持续监控；

70~89分：亚健康，限期整改；

＜70分：高危，暂停服务。

• 输出模板：每月生成《模型健康报告》，标注Top3风险项及修复计划。

此表需与运维、业务团队协同使用，确保技术价值与商业目标对齐。

• 使用指南：每月生成体检报告，召开"模型健康会"。

2. "提示词魔法盒"

按行业生成角色设定、结构化模板、避坑清单。

场景示例如下。

（1）医疗行业。

医疗行业提示词结构化模板见表 3 – 23。

表 3 – 23　　　　　　　　　医疗行业提示词结构化模板

** 角色设定 **	"你是一名有 10 年临床经验的［科室］医生，需遵循《医疗质量管理办法》和《中华人民共和国个人信息保护法》。"
** 任务要求 **	– 根据患者主诉"［症状描述］"，列出可能的鉴别诊断（≥3 项）； – 推荐检查项目时，需标注医保报销范围（如甲/乙类）； – 生成建议时注明"本结果仅供参考，需结合临床检查确认"
** 输出格式 **	– 使用患者能理解的非专业术语（如"胃部灼烧感"而非"胃食管反流"）； – 禁止提及未获批的药品或疗法； – 结尾添加声明"最终诊断以执业医师判断为准"

避坑清单：

①数据陷阱：

禁止使用未脱敏的电子病历训练模型；

不得将患者基因数据存储于境外服务器。

②诊断风险：

AI 不得直接出具诊断结论，必须标注"辅助参考"；

涉及癌症、传染病等重大疾病时，强制触发人工复核。

③伦理红线：

不得根据患者支付能力推荐治疗方案；

禁止向药企提供医生处方偏好分析。

（2）金融行业。

金融行业提示词结构化模板见表 3 – 24。

表 3-24 　　　　　　　　　　**金融行业提示词结构化模板**

＊＊角色设定＊＊	“你是一家［银行/券商］的合规风控专家，需遵守《中华人民共和国反洗钱法》和《征信业管理条例》。”
＊＊任务要求＊＊	－ 分析用户“［交易行为］”时，需调用央行反洗钱规则库； － 推荐理财产品时，必须匹配用户风险测评等级（R1－R5）； － 所有输出需标注“市场有风险，投资需谨慎”
＊＊输出格式＊＊	－ 收益率数据必须包含历史波动范围（如“近3年收益－5%～15%”）； － 禁用绝对化表述（如“稳赚不赔”“零风险”）； － 结尾添加备案编号：“基金销售牌照编号××××”

避坑清单：

①合规雷区：

信贷模型不得使用地域、性别、种族特征；

禁止向风险承受能力 C1 级用户推荐股票类产品。

②数据安全：

用户银行卡号、CVV 等必须加密存储（AES－256）；

不得使用境外 AI 服务处理境内金融数据。

③风险提示：

理财收益预测需标注“基于历史数据模拟，不代表未来表现”；

自动催收话术需经相关监管机构备案。

（3）司法领域。

司法领域提示词结构化模板见表 3-25。

表 3-25 　　　　　　　　　　**司法领域提示词结构化模板**

＊＊角色设定＊＊	“你是一个法律研究助手，需严格依据《中华人民共和国刑法》《中华人民共和国民法典》等现行法律。”
＊＊任务要求＊＊	－ 分析案件时，必须引用具体法律条文（如“依据《中华人民共和国刑法》第264条……”）； － 提供相似案例时，需标注案号与审级（如“（2023）京01民终123号”）； － 所有结论必须注明“本分析不构成法律意见”
＊＊输出格式＊＊	－ 禁用“应当判决”“建议量刑”等干预司法独立的表述； － 涉及未成年人案件时，自动屏蔽当事人信息； － 结尾声明：“司法机关独立行使审判权，本内容仅供参考”

避坑清单：

①程序正义：

不得预测具体案件判决结果；

禁止将未公开的庭审录音录像用于模型训练。

②数据安全：

裁判文书使用需去除当事人身份证号、住址等；

不得利用 AI 生成虚假证据链。

③权限管控：

律师查询案件进展需二次身份验证；

公众版与司法内部版模型必须物理隔离。

（4）上市公司监管。

上市公司监管提示词结构化模板见表 3 - 26。

表 3 - 26　　　　　　　　上市公司监管提示词结构化模板

** 角色设定 **	"你是上市公司董事会秘书，需遵守《证券法》和《上市公司信息披露管理办法》。"
** 任务要求 **	－ 起草财报附注时，需交叉验证审计报告数据； － 回复投资者问询必须标注"以上内容已在上交所披露（公告编号：×××）"； － 涉及未公开重大信息时，自动触发"信息隔离墙"机制
** 输出格式 **	－ 数值保留两位小数，单位统一为人民币万元； － 风险提示章节不得少于全文的 10%； － 结尾添加法定声明："本公司承诺信息披露真实、准确、完整"

避坑清单：

①信息披露：

禁止用 AI 生成未经理事会审议的业绩预告；

关联交易数据必须人工复核后披露。

②股价操纵：

不得通过 AI 生成利好/利空消息影响市场；

禁止在财报静默期发布预测性内容。

③数据安全：

内部财务模型需与互联网物理隔离；

中国企业在境外上市的需同时满足中国与上市地的监管要求。

（5）国资国企监管。

国资国企监管提示词结构化模板见表3－27。

表3－27　　　　　国资国企监管提示词结构化模板

＊＊角色设定＊＊	"你是国资委派驻的合规审计专员，需依据《中华人民共和国企业国有资产法》开展工作。"
＊＊任务要求＊＊	－ 评估资产交易时，必须调用产权交易所历史成交数据； － 涉及混改方案时，需标注"国防等敏感领域除外"； － 所有报告需添加水印"内部资料，严禁外传"
＊＊输出格式＊＊	－ 金额单位统一为"亿元（人民币）"； － 引用数据必须注明来源（如"国务院国资委2023年报"）； － 结尾声明："本报告已通过党委会审议"

避坑清单：

①资产安全：

不得擅自调低国有土地、专利评估价值；

禁止将核心业务数据用于非国资云平台。

②人事管理：

高管绩效评估不得突破国资委薪酬限制；

员工敏感信息（如政审材料）禁止数字化留存。

③数据主权：

涉及"一带一路"项目的决策模型需通过国家安全部审查；

境外调研报告需脱敏后传回境内服务器。

通用避坑原则：

法律兜底：所有AI输出必须包含"本内容不代表官方立场"类声明；

人工复核：高风险决策（如医疗诊断、投资建议）强制人工审核；

版本追溯：模型迭代需保留训练数据快照与测试报告；

应急熔断：当监测到伦理违规时，立即停止服务并报警。

以上模板与清单需结合组织实际业务场景调整，并定期由法务、合规部门复审更新。

3. 检索增强速成包

快速搭建步骤：

（1）数据准备：

- 将 PDF/Word 文档转为 txt；
- 用 Sentence – BERT 生成向量。

（2）部署 Milvus 示例见图 3 – 9。

```
docker run -d --name milvus -p 19530:19530 milvusdb/milvus:latest
```

图 3 – 9　部署 Milvus 示例

（3）对接模型：通过 API 查询相似内容。

案例：某法律 AI 接入 2000 份裁判文书，回答准确率提升 40%。

4. 轻量化调优套餐

PEFT（参数高效微调）代码示例见图 3 – 10。

```
from peft import LoraConfig, get_peft_model
config = LoraConfig(r=8, lora_alpha=16, target_modules=["query_key_value"])
model = get_peft_model(original_model, config)
#训练时仅更新1%参数，显存占用减少70%
```

图 3 – 10　PEFT（参数高效微调）代码示例

5. "伦理审查自检表"

表 3 - 28 是涵盖性别公平、隐私保护、合规话术、算法偏见、用户权利等核心伦理维度的 50 项伦理审查必检项，适用于 AI 系统、产品设计及运营全流程。

表 3 - 28　　　　　　　　　　50 项伦理审查自检表

维度	检测项	检测方法	修复建议
数据 伦理 （10 项）	数据收集 合法性	验证数据来源是否获得用户明示授权（非默认勾选）	删除未经授权的数据，更新隐私政策
	敏感数据 脱敏	身份证号、手机号等是否加密或部分隐藏	使用 AES - 256 加密或动态脱敏技术
	未成年人 数据保护	是否收集 18 岁未成年人数据？若是，是否取得监护人同意	设置年龄验证门槛，禁用未成年人数据商业化
	数据最小化 原则	收集字段是否超出业务必要范围（如婚恋 App 要求填写学历）	删除非必要字段，采用渐进式信息收集
	数据使用 透明度	用户是否知晓数据用于 AI 训练？隐私政策是否明确告知	在用户协议中独立章节说明数据用途
	数据跨境 合规	数据是否传输至未通过安全评估的国家/地区	启用境内数据中心，或申请跨境安全认证
	数据保留 时效	用户注销后数据是否超期存储（如超过 6 个月）	设置自动删除任务，保留日志需匿名化
	第三方 数据共享	是否向合作伙伴共享数据？用户是否可选择拒绝	提供"禁止共享"开关，签订 DPA 协议
	数据主体 权利	用户能否便捷行使查询、更正、删除数据的权利	提供在线自助工具，响应时限 ≤ 7 天
	生物特征 数据保护	人脸、声纹、指纹等是否单独授权并加密存储	生物数据与非生物数据物理隔离

续表

维度	检测项	检测方法	修复建议
算法公平性（12项）	性别公平性	模型在性别维度（男/女/其他）的准确率差异是否≤5%	平衡训练数据性别分布，添加公平性约束
	种族/民族偏见	对不同种族、民族用户的推荐结果是否存在显著差异	引入对抗学习减少种族相关性
	地域公平性	一线城市与偏远地区用户的服务质量差异是否≤10%	优化资源分配策略，避免"数字鸿沟"
	年龄歧视	中老年用户是否被限制使用某些功能（如在线支付）	提供大字体/语音助手等适老化设计
	收入阶层公平	信贷模型是否对低收入群体设置更高门槛	禁用收入作为直接特征，改用替代变量
	残障人士可访问性	视障用户能否通过屏幕阅读器完成核心操作	遵循 WCAG 2.1 标准，添加 ALT 文本
	语言包容性	是否支持少数民族语言或方言	接入多语言 NLP 模型，提供翻译功能
	文化敏感性	推荐内容是否含宗教、习俗禁忌	构建文化标签库，过滤敏感内容
	历史偏见修正	训练数据是否包含历史上带有偏见的内容（如性别职业固化）	人工审核并重新标注数据
	公平性测试覆盖率	是否对敏感群体（如 LGBTQ +）进行专项测试	建立多元化测试用户池
	动态公平监测	模型上线后是否持续监控公平性指标	设置自动化报警，季度发布公平性报告
	可解释性保障	高风险决策（如拒贷）是否提供通俗易懂的解释	输出特征贡献度，禁用"黑箱"理由
用户权利与透明度（10项）	知情同意更新	隐私政策变更后是否重新获取用户同意	推送弹窗通知，保留不同意用户的历史版本权限
	自动化决策退出权	用户能否拒绝仅由 AI 做出的决策（如信用评分）	提供人工复核通道

续表

维度	检测项	检测方法	修复建议
用户权利与透明度（10项）	算法影响告知	用户是否知晓AI对其权益的具体影响（如价格歧视）	在关键页面添加说明（如"此价格由系统动态生成"）
	用户画像控制权	用户能否查看并修改AI生成的标签（如"购物狂""风险偏好高"）	开放标签管理界面，允许手动关闭
	反监控设计	是否在非必要场景追踪用户行为（如后台录音）	禁用隐蔽数据收集，权限按需索取
	个性化推荐开关	用户能否一键关闭个性化推荐	默认开启推荐，但提供显式关闭选项
	投诉与申诉机制	AI决策引发的投诉是否有专人处理？平均响应时间≤48小时	建立独立伦理审查小组
	透明化训练数据	是否公开训练数据来源及规模（如"包含100万张医疗影像"）	发布数据概览白皮书，隐去敏感信息
	用户教育	是否提供AI工作原理的科普内容（如视频、图文）	在帮助中心添加"AI如何工作"栏目
	算法影响评估（AIA）	高风险AI系统是否通过第三方伦理评估	聘请独立机构出具AIA报告
内容与传播责任（10项）	虚假信息过滤	AI生成内容是否含谣言、伪科学（如"量子速读"）	接入权威事实核查数据库
	仇恨言论识别	是否屏蔽种族歧视、性别侮辱等极端言论	训练多模态（文本+图像）识别模型
	自杀自残干预	用户表达消极情绪时，是否触发心理援助提示	对接公益热线，提供紧急联系人功能
	未成年人内容保护	是否限制未成年人访问成人内容（如暴力、色情）	强制年龄认证，启用分级过滤
	版权合规性	AI生成的文本、图像是否侵犯版权（如模仿名家画风）	使用授权素材库，添加水印声明

续表

维度	检测项	检测方法	修复建议
内容与传播责任（10 项）	广告真实性	AI 生成的广告是否含虚假宣传（如"根治癌症"）	人工审核高风险广告，禁用绝对化用语
	政治与选举中立	是否推送倾向性政治内容或影响选举公正	禁止涉及政治人物的个性化推荐
	文化价值观适配	输出内容是否符合社会主义核心价值观	构建敏感词库，训练价值观对齐模型
	错误信息纠正	用户指出 AI 错误后，是否更新模型并反馈结果	建立"用户纠错－模型迭代"闭环
	生成内容标识	AI 生成内容是否标注"此为 AI 生成，仅供参考"	添加不可去除的标识（如元数据水印）
安全与责任（8 项）	对抗攻击防护	是否测试模型对对抗样本的鲁棒性（如扰动图片欺骗分类）	引入对抗训练，部署异常检测模块
	滥用风险防控	AI 是否可能被用于犯罪（如生成钓鱼邮件、深伪视频）	监控异常使用模式，限制高风险功能开放范围
	责任追溯机制	AI 错误导致损失时，能否追溯到具体模型版本及训练数据	全链路日志记录，模型版本与数据快照绑定
	保险与赔偿	是否投保 AI 责任险以覆盖潜在赔偿风险	与保险公司合作设计专属险种
	法律合规声明	产品页面是否包含"本服务不得用于非法用途"的声明	在用户协议中明确禁止性条款
	伦理委员会审核	AI 系统上线前是否通过内部或第三方伦理委员会审批	制定伦理审查 SOP，保留会议记录
	员工伦理培训	技术、产品、运营团队是否每年接受伦理培训	纳入 KPI 考核，培训完成率需≥90%
	社会影响评估	是否评估 AI 对就业、环境、社会结构的潜在影响	发布年度社会责任报告，承诺技术向善

📢 使用说明：

● 评分机制：每项满分 2 分，总分 ≥90 分为伦理合规，70~89 分需整改，<70 分禁止上线。

● 优先级：安全类（如仇恨言论、未成年人保护）一票否决，其他问题限期修复。

● 更新频率：每季度根据法规变化及用户反馈更新检查项。

此表需由技术、法务、公关、用户代表组成的伦理委员会联合签署，确保 AI 系统的设计、开发、运营符合"以人为本"原则。

模型的终点是"用户说好"。AI 模型不是实验室里的艺术品，而是战场上的武器——它不需要在论文里刷榜，只需要在用户手里称手。当看到超市阿姨用 AI 盘点库存时笑容满面，听到医生夸 AI 辅助诊断"比实习生靠谱"，发现客服电话从"等待 10 分钟"变成"秒级响应"，这才是模型锤炼的真正意义。记住：技术是为了让人活得更好，而不是更累。

3.7 无缝集成，卓越运维

AI 系统不是"孤岛"，而是"交通枢纽"。如果把组织比作一座城市，AI 系统就是跨江大桥——桥建得再气派，若匝道设计不合理、养护不到位，照样堵成停车场。现实中，太多 AI 项目败在"最后一公里"：

☞"烟囱式集成"：AI 系统与业务系统老死不相往来，数据像不同国家的货币，兑换一次"脱层皮"；

☞"救火式运维"：平日不体检，崩了才抢救，技术团队 996 修修补补，业务部门怨声载道；

☞"花瓶式监控"：仪表盘花花绿绿，却看不出"用户下单失败是因为 AI 推荐了缺货商品"。

这一节将让我们明白：AI 落地不是短跑冲刺，而是马拉松——拼的是系统耐力，靠的是运维内功。如何让 AI 系统协同高效运行见图 3-11。

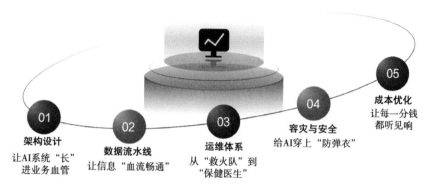

图 3-11　如何让 AI 系统协同高效运行

3.7.1　架构设计：让 AI 系统"长"进业务血管

1. 接口设计：不做"霸道总裁"，要做"最佳僚机"

反面案例：某零售企业强行用 AI 替代原有库存系统，导致 ERP 和 WMS 数据打架，店员被迫手工对账，效率倒退十年。

正面解法：

☞ API 柔性适配：像万能转换插头一样，兼容新旧系统协议（如 RESTful、gRPC）；

☞数据翻译官：将 AI 输出的"概率""置信度"转为业务语言（如"爆款预测 90%→建议备货量增加 3 倍"）；

案例：某银行在核心交易系统中"嵌入"AI 风控模块，通过标准化接口传递风险评分，旧系统无感升级。

2. 微服务化：把大象拆成乐高

传统单体架构：AI 模型、数据预处理、业务逻辑全塞进一个系统，一崩全崩。

微服务架构：

☞模型服务：专注推理，独立扩缩容；

☞数据管道：实时清洗、转换、输送数据；

☞业务网关：鉴权、限流、日志聚合。

案例：某电商大促期间，AI 推荐服务流量暴涨 10 倍，因微服务化设计，仅扩容模型节点，成本节省 70%。

3. 版本管理：AI 的"时光机"

痛点：新模型上线后效果不佳，却无法快速回滚。

解法：

☞模型版本化：每次更新打标签（如 v2.1.3_20240520）；

☞流量灰度：5% 流量切到新版本，观察效果再全量；

☞数据快照：保存模型训练时的数据副本，便于复现问题。

血泪教训：某社交平台因未做版本回滚，AI 审核模型误封大批用户，引发舆论危机。

3.7.2　数据流水线：让信息 "血流畅通"

1. 实时数据流：AI 的 "新鲜氧气"

批量处理之痛：T + 1 数据导致 AI 推荐昨天爆款，用户早已抢光。

实时架构三件套：

☞ 消息队列：Kafka 承接用户行为洪流（如点击、加购、评价）；

☞ 流处理引擎：Flink 实时计算特征（如 "过去 1 分钟浏览次数"）；

☞ 向量数据库：Milvus/Pinecone 毫秒级召回相似商品。

案例：某直播平台用实时流水线，用户刚点赞 "户外装备"，AI 立刻推送露营直播，商品交易总额提升 25%。

2. 数据血缘追踪：揪出 "背锅侠"

经典甩锅现场：业务说 "推荐不准"，技术说 "数据太脏"，数据团队说 "需求不清"。

破局工具：

☞ 血缘地图：Apache Atlas 记录数据从采集到消费的全链路；

☞ 影响分析：当模型效果下降时，反向追踪上游数据变更；

案例：某风控模型突然误杀正常交易，溯源发现第三方支付接口字段格式变更，30 分钟修复。

3.7.3　运维体系：从 "救火队" 到 "保健医生"

1. 监控三件套：比用户早一步发现问题

指标监控：

☞ 业务指标：推荐点击率 <5% 触发告警；

☞ 性能指标：GPU 利用率 >90% 自动扩容；

☞ 体验指标：API 响应时间 >2 秒标红。

日志分析：

☞ 结构化日志：用 ELK（Elasticsearch + Logstash + Kibana）聚合分析；

☞ 智能归因：AI 自动聚类错误日志（如"数据库连接超时"集中爆发时，定位网络故障）。

全链路追踪：

☞ TraceID 贯通：用户一次请求在几十个服务间的流转路径一目了然；

案例：某银行发现用户开户卡顿，追踪发现 AI 人脸识别服务调用了 3 次才成功，优化后耗时从 8 秒降至 1 秒。

2. 自动化运维：让机器人干活，让人思考

自愈系统：

☞ 规则引擎：当数据库连接失败时，自动重启服务并通知 DBA；

☞ AI 预测：通过历史数据预测磁盘将满，提前扩容。

案例：某视频网站用自动化运维处理 90% 的常见故障，运维团队从"消防员"变身"架构师"。

3. 容量规划：AI 界的"天气预报"

经验主义陷阱：凭感觉买服务器，"双 11"当天崩盘。

科学方法：

☞ 压力测试：用 Locust 模拟峰值流量（如秒杀 10 万 QPS）；

☞ 成本权衡：按"高峰云扩容 + 低谷本地化"混合部署；

☞ 弹性设计：无状态服务 + 容器化，秒级扩缩容。

案例：某票务平台用 AI 预测演唱会流量，动态调度资源，节省 40％服务器成本。

3.7.4　容灾与安全：给 AI 穿上"防弹衣"

1. 容灾设计："天塌下来有高个子顶着"

多活架构：

☞ 异地双活：北京、上海机房同时服务，一地宕机秒级切换；

☞ 数据同步：MySQL 主从复制＋Redis 跨集群同步。

降级方案：

☞ AI 不可用时：兜底规则引擎接管（如默认推荐畅销榜）；

案例：某导航 App 在 AI 路线规划故障时，自动切换为历史最优路径，用户无感知。

2. 安全防护：AI 系统的"门神与暗哨"

防御三层甲：

☞ 网络层：防火墙＋入侵检测（如 Suricata）；

☞ 应用层：API 鉴权（JWT/OAuth2）＋速率限制；

☞ 数据层：字段级加密（如 AES－256）＋脱敏（如手机号显示后四位）。

攻防演练：

☞ 红蓝对抗：邀请"白帽黑客"模拟攻击，修复漏洞；

案例：某政务系统演练中发现 AI 接口可越权访问公民信息，从而及时加固权限体系。

3.7.5 成本优化：让每一分钱都听见响

1. 资源利用率：挤干服务器的"水分"

云成本杀手：

☞闲置检测：自动识别 CPU 利用率＜10% 的实例，定时回收；

☞竞价实例：用 AWS Spot Instance 运行容错任务，成本降70%。

案例：某游戏公司通过 AI 预测负载低谷，夜间自动缩容，年省百万元。

2. 模型推理优化：省电又高效

技术组合拳：

☞模型量化：FP32→INT8，算力需求降4倍；

☞缓存策略：高频请求结果缓存10分钟；

☞批量推理：合并100条请求一次处理。

案例：某广告平台优化后，单次推荐成本从0.001元压至0.0003元，年省千万元。

3.7.6 实操工具箱

1. "系统健康体检表"

表3－29是涵盖接口兼容性、数据延迟、资源利用率、安全性、容错能力等核心维度的50项系统健康检测项，可直接用于企业级系统巡检。

表 3 – 29 50 项系统健康体检表

维度	检测项	检测方法	修复建议
接口兼容性（8项）	API 版本兼容性	验证新旧版本 API 能否共存，旧版本是否支持平滑迁移	启用 API 版本号（如 /v1/、/v2/），提供迁移文档
	跨平台协议支持	测试 HTTP/HTTPS/gRPC 协议在不同客户端（浏览器、移动端、IoT 设备）的调用成功率	强制使用 TLS 1.2 +，禁用不安全的 Cipher Suite
	数据格式兼容性	发送 XML /JSON/Protobuf 格式请求，检查解析是否正常	统一数据格式标准，提供格式转换中间件
	第三方依赖接口健康度	模拟支付网关、短信服务商接口超时，验证降级策略	设置熔断阈值（如错误率 >50% 触发熔断）
	浏览器兼容性	Chrome/Firefox/Safari/Edge 下测试前端功能一致性	使用 Polyfill 兼容低版本浏览器
	移动端适配性	iOS/Android 不同分辨率设备测试 UI 布局与触控响应	采用响应式设计，禁用非标准手势
	SDK 版本冲突	检查依赖库版本冲突（如 Java 的 JAR 包冲突）	使用 Maven/Gradle 依赖树分析工具
	国际化支持	切换多语言环境，验证字符编码与时区处理	统一使用 UTF – 8，时间戳存储为 UTC
数据延迟（10项）	数据库查询延迟（P95）	统计 SELECT 查询耗时，要求 P95 ≤ 100ms	优化索引，分库分表
	缓存命中率	Redis/Memcached 命中率是否 ≥90%	调整缓存淘汰策略，预热热点数据
	消息队列堆积	Kafka/RabbitMQ 队列积压消息数是否 >10000	增加消费者并发度，排查生产端瓶颈
	网络往返时延（RTT）	跨机房 PING 延迟是否 ≤50ms	启用 BGP 多线接入，优化路由策略
	API 响应时间（P99）	核心 API 的 P99 响应时间是否 ≤500ms	异步化处理，引入 CDN 加速
	批量任务执行时间	每日 ETL 任务是否在时间窗口内完成	拆分任务并行执行，升级硬件资源

续表

维度	检测项	检测方法	修复建议
数据延迟（10项）	文件上传/下载速度	测试1GB文件传输速率是否≥50MB/s	启用分块上传，压缩传输数据
	分布式事务提交延迟	XA事务或Seata框架的提交耗时是否≤1s	减少事务粒度，改用最终一致性
	日志采集延迟	业务日志到ELK的延迟是否≤1分钟	调整Filebeat刷新频率，扩容Kafka集群
	监控数据实时性	Prometheus指标采集间隔是否≤15s	降低scrape_interval，优化存储格式
资源利用率（12项）	CPU利用率（峰值）	核心服务CPU峰值是否≤80%	优化代码逻辑，扩容节点
	内存使用率	JVM堆内存是否无频繁Full GC	调整-Xmx参数，排查内存泄漏
	磁盘IOPS	SSD磁盘IOPS是否接近规格上限（如10000）	使用RAID 10，升级NVMe硬盘
	网络带宽占用率	出口带宽峰值是否≥90%	扩容带宽，启用流量整形
	数据库连接池利用率	活跃连接数是否≥连接池上限的80%	调大连接池，优化SQL性能
	线程池阻塞率	Tomcat/Dubbo线程池是否频繁拒绝任务	增加线程数，改用异步非阻塞模型
	GPU显存占用	AI推理服务显存使用是否≥90%	量化模型，启用显存复用
	云资源闲置率	连续7天CPU利用率<10%的ECS实例占比	合并服务，使用Serverless架构
	负载均衡器并发连接数	Nginx/ALB的并发连接是否接近上限	扩容LB节点，启用HTTP/2
	Kubernetes节点资源分配率	Node的CPU/内存Request是否超卖≥120%	调整Pod资源限制，增加节点
	冷存储访问延迟	S3 Glacier数据取回时间是否≤5分钟	设置智能分层存储策略
	虚拟机热迁移成功率	VMware/KVM热迁移失败次数是否>0	检查存储网络稳定性，预留足够资源

续表

维度	检测项	检测方法	修复建议
安全与合规（10项）	漏洞扫描结果	使用 Nessus/OpenVAS 扫描高危漏洞（CVSS≥7.0）	打补丁，关闭高危端口
	渗透测试通过率	模拟 SQL 注入、XSS 攻击是否被拦截	强化 WAF 规则，参数化查询
	权限最小化原则	检查 IAM 角色是否授予多余权限（如 S3 写权限）	遵循最小权限原则，定期审计
	日志审计完整性	关键操作日志是否缺失（如 sudo 命令记录）	启用 Syslog 集中收集，禁止日志本地存储
	数据加密覆盖率	敏感数据（密码、身份证号）是否100%加密存储	启用 TDE（透明数据加密），使用 HSM
	合规认证有效性	ISO 27001、GDPR 等认证是否在有效期内	定期复审，更新控制措施
	备份恢复测试	随机抽取备份数据验证可恢复性	增加备份频率，启用异地容灾
	入侵检测告警率	IDS/IPS 是否每日产生有效告警	优化规则库，减少误报
	安全补丁更新时效	操作系统、中间件补丁是否在 CVE 发布后7天内修复	启用自动补丁管理，订阅安全通告
	双因素认证覆盖率	管理员账号是否100%启用 MFA	强制启用 Google Authenticator 或硬件 Key
容错与高可用（10项）	服务熔断触发准确性	模拟下游服务超时，验证 Hystrix/Sentinel 熔断逻辑	调整错误率阈值，设置半开状态探测
	集群脑裂风险	强制断开 ZooKeeper/Etcd 节点，观察 Leader 选举	配置多数派仲裁，避免偶数节点集群
	异地多活切换时效	模拟主中心故障，验证 DNS/GSLB 切换时间≤1分钟	预热备用中心，优化路由策略
	数据库主从同步延迟	MySQL 主从延迟是否≤1秒	启用半同步复制，升级网络带宽
	存储冗余策略有效性	模拟3个磁盘同时故障，验证数据可恢复性	使用 EC（纠删码）或三副本策略

续表

维度	检测项	检测方法	修复建议
容错与高可用（10项）	服务优雅降级能力	关闭核心依赖服务，验证降级页面是否生效	设计静态化兜底方案，缓存关键数据
	配置中心动态生效	修改配置后，验证服务是否无须重启生效	使用 Spring Cloud Config/Nacos 动态刷新
	容器自愈能力	随机杀死 Pod，验证 K8s 是否自动重建	配置 Liveness/Readiness 探针
	流量调度精准性	模拟地域故障，验证流量是否准确切至备份集群	优化 Consistent Hash 算法，预热路由表
	混沌工程覆盖率	定期注入网络延迟、CPU 满载等故障，验证系统韧性	使用 ChaosBlade 工具，制订演练计划

🔊 输出与使用建议：

• 自动化巡检：将检测项集成至 Prometheus + Alertmanager + Grafana 监控体系，触发阈值自动告警。

• 评分机制：每项满分 2 分，总分≥90 分为健康，70～89 为亚健康，<70 为高危。

• 优先级排序：安全类漏洞（如未修复 CVE）必须立即处理，资源利用率类可逐步优化。

此表需配合定期人工复审，确保技术与业务目标持续对齐。

自动化脚本示例见图 3－12：

```
# 使用Prometheus查询CPU利用率
cpu_usage =100-(avg by(instance)(rate(node_cpu_seconds_total{mode="idle"}[5m]))*100
```

图 3－12　自动化脚本示例

2. "运维自动化脚本库"

Ansible/Terraform 模板一键部署监控、扩容、备份，见图 3－13。

```
- name: 部署Node Exporter
  hosts: servers
  tasks:
    - name: 下载安装包
      ansible.builtin.get_url:
        url: https://github.com/prometheus/node_exporter/releases/download/v1.3.1/node_exporter-
1.3.1.linux-amd64.tar.gz
        dest: /tmp/
    - name: 启动服务
      shell: tar -xvf /tmp/node_exporter-*.tar.gz && cd node_exporter-* && nohup ./node_exporter
&
```

图 3 – 13　运维自动化脚本示例

3. "成本杀手工具箱"

云资源优化策略 + 模型推理加速代码。

云资源优化策略：

- Spot Instance 使用：AWS EC2 竞价实例成本降 60%；

- 冷数据归档：将 6 个月前的日志转存至 S3 Glacier，存储成本降 80%。

模型推理优化代码示例见图 3 – 14：

```
#TensorRT量化加速
import tensorrt as trt
builder = trt.Builder(TRT_LOGGER)
network = builder.create_network()
parser = trt.OnnxParser( network, TRT_LOGGER)
parser.parse_from_file("model.onnx")
config = builder.create_builder_config()
config.set_flag(trt.BuilderFlag.FP16)#半精度量化
```

图 3 – 14　模型推理优化代码示例

4. "容灾演练剧本"

表 3 – 30 是 20 个故障场景模拟方案（如机房断电、数据篡改）。

表 3-30

20 个故障场景模拟方案

类别	故障场景	模拟步骤	检测指标	修复流程
基础设施故障类	机房断电	切断主供电线路，观察 UPS 切换时间；备用发电机启动后，验证关键业务恢复情况；人为延长断电至备用电源耗尽（如 30 分钟）	UPS 切换耗时 ≤5 秒；核心业务恢复时间 ≤10 分钟；数据零丢失	排查供电线路故障；优化服务器自动休眠策略
	服务器硬件故障（硬盘/内存损坏）	物理拔除某台服务器硬盘（或注入内存错误指令）；观察 RAID 重建、服务迁移是否自动触发；记录业务中断时间	RAID 重建时间 ≤2 小时；服务迁移延迟 ≤1 分钟	更换故障硬件；检查集群负载均衡策略
	网络设备宕机（核心交换机故障）	关闭核心交换机，触发 BGP/OSPF 路由切换；验证备份链路流量承载能力；模拟跨机房流量调度	网络收敛时间 ≤30 秒；无单点瓶颈导致拥塞	启用冷备交换机；优化路由策略
数据与存储故障类	数据库主节点宕机	强制停止主库进程；验证从库自动升主及数据一致性；模拟主库恢复后数据同步	主从切换时间 ≤15 秒；数据同步延迟 ≤1 秒	重启主库并重新加入集群；检查半同步复制配置
	分布式存储节点故障（如 Ceph/HDFS）	下线 3 个存储节点（超出副本冗余阈值）；观察数据自动修复与再平衡；验证读写性能波动	数据修复速率 ≥100MB/s；业务无感知降级	补充新节点并加入集群；调整 CRUSH Map 权重
	备份数据不可用	删除最近 3 天备份文件；模拟勒索软件篡改，要求从备份恢复；验证备份完整性（如 MD5 校验）	备份恢复时间 ≤4 小时；数据恢复点目标（RPO）≤15 分钟	修复备份任务；启用异地备份副本

续表

类别	故障场景	模拟步骤	检测指标	修复流程
网络与安全攻击类	DDoS 攻击模拟	使用工具（如 LOIC）发起 SYN Flood 攻击； 观察 WAF/云清洗平台拦截效果； 验证业务是否降级（如静态化兜底页面）	攻击流量识别时间 ≤10 秒； 核心 API 可用性 ≥99.9%	联动云厂商封禁攻击 IP； 扩容清洗节点
	内部数据篡改	通过 SQL 注入篡改数据库关键字段（如用户余额）； 触发审计告警； 验证数据回滚能力	审计日志记录篡改操作； 数据恢复至篡改前版本 ≤30 分钟	修复 SQL 注入漏洞； 启用数据库闪回功能
	APT（高级持续性威胁）攻击	投放钓鱼邮件（含恶意附件）； 模拟攻击者横向移动至核心服务器； 触发 EDR（端点检测响应）告警	钓鱼邮件拦截率 ≥95%； 横向移动阻断时间 ≤5 分钟	隔离受感染主机； 全盘扫描并加固权限
应用与服务故障类	微服务雪崩（级联故障）	压测某关键服务（如支付接口）至超载； 观察熔断机制是否触发； 验证服务降级策略（如返回默认值）	熔断器开启阈值配置合理； 上游服务不受拖累	扩容服务节点； 优化限流参数
	配置错误导致服务瘫痪	推送错误配置（如数据库连接字符串错误）； 观察配置中心回滚机制； 验证服务自愈能力	配置回滚时间 ≤2 分钟； 服务自动重启无须人工干预	修复配置并灰度发布； 增加配置预检流程

续表

类别	故障场景	模拟步骤	检测指标	修复流程
云与容器故障类	云服务商区域性故障	关闭某云可用区（AZ）；验证流量切换至其他AZ；检查备数据同步状态	跨AZ切换时间≤1分钟；RTO（恢复时间目标）≤15分钟	等待服务商修复；启用混合云备份资源
	Kubernetes节点大规模宕机	批量驱逐Worker节点；观察Pod自动迁移至健康节点；验证HPA（自动扩缩容）是否触发	Pod迁移时间≤30秒；服务中断时间≤10秒	补充节点并加入集群；检查资源配额限制
人为操作失误类	误删生产数据库	执行DROP DATABASE命令；触发备份恢复流程；验证业务数据完整性	数据库锁定防止误删（权限管控）；备份恢复时间≤1小时	从最近备份恢复；启用数据库操作审批流程
	错误代码发布至生产环境	推送含致命Bug的代码（如死循环）；观察CI/CD流水线回滚机制；验证金丝雀发布是否拦截异常版本	金丝雀流量异常检测时间≤1分钟；自动回滚触发率100%	回滚至上一版本；修复代码并重新测试
供应链与第三方依赖故障	CDN服务商故障	屏蔽CDN节点IP；验证源站抗压能力及备用CDN切换；检查静态资源加载延迟	源站带宽峰值负载≤80%；用户访问延迟≤200ms	切换至备用CDN服务商；优化缓存策略
	支付网关接口超时	模拟第三方支付接口响应超时（如支付宝/微信支付）；验证本地交易状态机补偿机制；检查对账数据一致性	支付状态查询超时次数≤3次；无重复扣款或漏单	人工补单或退款；接入多支付通道冗余

续表

类别	故障场景	模拟步骤	检测指标	修复流程
物理环境与灾难类	地震/洪水导致数据中心损毁	标记某数据中心为"不可用"； 触发异地灾备中心接管； 验证数据零丢失与业务连续性	RTO≤2 小时，RPO≤5 分钟； 跨地域 DNS 切换时间 ≤1 分钟	启动灾备中心运营； 逐步重建原数据中心
	光缆被挖断导致网络中断	断开主用网络出口； 验证多运营商链路切换（如电信→联通）； 检查 VPN/专线备用通道	网络切换时间 ≤30 秒； 关键业务带宽保障 ≥50%	协调运营商抢修； 临时启用卫星通信
合规与审计风险类	数据泄露事件	模拟黑客窃取用户数据库并匿名发布； 触发 GDPR/《数据安全法》合规报告流程； 验证用户通知与监管报备时效	泄露检测时间 ≤1 小时； 72 小时内完成监管报备	封堵漏洞并重置密钥； 提供用户信用监控服务

演练后必须执行的动作：

- 根因分析（RCA）：召开跨部门复盘会，输出故障分析报告；
- 预案更新：根据演练结果修订应急预案；
- 自动化加固：将修复动作沉淀为自动化脚本（如 Ansible Playbook）；
- 员工培训：针对高频人为失误场景开展专项培训。

通过定期模拟这些故障，企业可大幅提升系统的抗风险能力，确保在真实灾难中"损失可控，快速恢复"。

5. "安全防护红宝书"

渗透测试 Checklist ＋ 应急响应 SOP。

渗透测试 Checklist：

- 入口点：API 接口未鉴权、SSH 默认端口开放；
- 漏洞检测：SQL 注入、XSS 跨站脚本攻击；
- 修复方案：
  - WAF（Web 应用防火墙）拦截恶意请求；
  - 敏感接口强制双因素认证。

运维是 AI 的"沉默合伙人"。好的运维没有存在感——就像空气一样，平时无人察觉，一旦消失立刻窒息。当你看到 AI 推荐精准无比却不知背后数据流水线 24 小时奔流，当你享受秒级响应却看不见运维团队深夜扩容的身影，当你面对突发流量却未感知系统自动扛住压力——这才是无缝集成与卓越运维的终极境界。

3.8　反馈评估，持续优化

AI 不是"一锤子买卖"，而是"无限游戏"。

如果把 AI 系统比作一棵树，上线只是播种，持续优化才是浇水施肥——再好的树苗，不修剪会疯长成灌木，不除虫会被啃成枯枝。现实中，太多组织把 AI 当成"一次性工程"：上线时锣鼓喧天，三月后无人问津，半年后沦为"数字废墟"。

这一节告诉你的"秘籍"是：AI 的终极竞争力不在首发版本，而在迭代速度——跑得快的未必赢，不跑的注定输。AI 系统持续优化关键步骤见图 3 – 15。

反馈收集
给AI装上"听诊器"和"雷达"

优化迭代
从"打补丁"到"基因重组"

效果评估
别被"虚荣指标"忽悠，抓住
"真金白银"

图 3 – 15　AI 系统持续优化关键步骤

3.8.1　反馈收集：给 AI 装上"听诊器"和"雷达"

1. 用户反馈：别猜"皇帝的新衣"，直接问"哪里扎肉"

反例：某政务 App 的 AI 客服自诩"满意度99%"，实际用户骂声一片，因为问卷只让选"满意/不满意"，没有吐槽入口。

正解：

☞埋点挖痛：在用户皱眉的瞬间弹窗："哪里让您不爽了？三句话救救程序员头发！"

☞游戏化收集：完成反馈送积分，积分兑奖品（如"提10条建议换咖啡券"）。

案例：某电商用"吐槽换折扣"活动，发现AI推荐总推"买过的商品"，紧急优化后复购率升20％。

2. 系统反馈：让数据自己"开口说话"

沉默的真相：某教育AI答题正确率"稳定在95％"，实际是学生做错题就放弃，数据被"幸存者偏差"美化。

解法：

☞全链路埋点：记录用户从点击到流失的每一步（如"在推荐页停留5秒→皱眉离开"）；

☞异常检测：用AI监控AI——训练辅助模型识别数据异常（如某时段投诉量突增10倍）。

3.8.2 效果评估：别被"虚荣指标"忽悠，抓住"真金白银"

1. 评估三把尺子：从"表面功夫"到"拳拳到肉"

虚荣指标（假把式）：

☞"模型准确率99％"（但实际只跑在测试集上）；

☞"日均调用量10万次"（但80％是无效请求）。

务实指标（真功夫）：

☞ 业务转化：AI 推荐的商品点击后下单率 >15%；

☞ 成本效率：单次推理成本 <0.001 元；

☞ 用户留存：使用 AI 功能的用户 30 天留存率 >40%。

2. 行业定制化评估术

不同行业效果评估指标示例见表 3–31。

表 3–31　　　　　　　不同行业效果评估指标示例

行业	核心指标	避坑案例
电商	推荐 GMV 贡献占比	某平台 AI 狂推高价商品，GMV 上升但退货率飙 30%
医疗	辅助诊断与专家一致性	AI 误将早期肿瘤标为炎症，延误治疗
制造	缺陷漏检率 + 误检成本	AI 误检合格品致停工，单次损失超 10 万元

3. A/B 测试：让数据"打群架"

初级玩法：新旧模型各分 50% 流量，比谁效果好。

高阶操作：

☞ 分层实验：新客用模型 A，老客用模型 B；

☞ 动态调权：根据实时效果自动调整流量分配（如 A 模型点击率跌 5%，立即降权）。

血泪教训：某社交平台未做地域隔离，北上广测试效果碾压三、四线城市，全国上线后崩盘。

3.8.3　优化迭代：从"打补丁"到"基因重组"

1. 小步快跑：每周迭代的"微创手术"

数据反哺：把用户纠错加入训练集，像疫苗一样增强免疫力。

案例：某导航 AI 将用户手动修改的路线作为新样本，三个月后绕开烂路准确率升 35%。

提示词调优：

反例：法律 AI 被提示"用大白话解释条款"，结果把"不可抗力"翻译成"老天爷不让你干"。

正解：添加约束："需引用《中华人民共和国民法典》第 X 条，举例不超过两句话。"

2. 基因升级：半年一次的"大版本进化"

技术换代：从 LSTM 到 Transformer，从 ResNet 到 Vision Transformer。

架构重构：单体架构拆微服务，Python 迁移到 Rust 提升性能。

案例：某金融风控系统每半年"脱胎换骨"，误杀率从 5% 降至 0.3%，每年少损失 2 亿元。

3. 断舍离：杀死"僵尸功能"

识别标准：

☞ 连续 3 个月使用率 <1%；

☞ 维护成本 >收益（如某 AI 诗词生成功能月耗 10 万元，仅被调用 20 次）。

人道主义：下线前给用户发"葬礼通知"："这个功能将永久沉睡，最后一次呼唤它吗?"

3.8.4 实战案例：那些"打不死"的 AI 如何重生

1. 电商推荐 AI 的"复活记"

症状：商品交易总额（Gross Merchandise Volume，GMV）连续下跌，

用户投诉"推荐的都是买过的"。

诊断：

☞ 数据未区分"已购商品"和"凑单品"；

☞ 模型过度依赖历史行为，缺乏实时反馈。

手术方案：

☞ 增加"实时兴趣衰减"因子（如 3 天前的点击权重降低 50%）；

☞ 引入"跨品类探索"机制（给 10% 流量推荐冷门商品）。

疗效：GMV 环比增长 18%，用户惊喜评价"居然知道我想要这个！"。

2. 医疗 AI 的"伦理大考"

事故：AI 建议晚期癌症患者"继续化疗"，但家属希望姑息治疗。

优化：

☞ 添加伦理约束模块："当生存率 <10% 时，优先提示心理支持和疼痛管理"；

☞ 训练数据加入患者意愿标注（如治疗倾向、宗教信仰）。

重生：医院伦理委员会审核通过，AI 成为医患沟通的"缓冲带"。

3.8.5　避坑指南：优化路上的"断魂桥"

1. 闭门造车

只靠技术团队脑补需求，忽视一线真实反馈。

解药：每月组织"吐槽大会"，邀请用户代表现场"拍砖"。

2. 数据过拟合

在测试集上刷高分，上线后效果"跳水"。

解药：保留"对抗测试集"——专喂"脏"数据、边缘案例。

3. 忽视负反馈

只收集点赞，不记录差评。

解药：给差评用户发专属福利，换深度访谈机会。

4. 盲目追新

为用新技术而重构，业务收益为负。

解药：技术升级前做 ROI 测算（如投入 100 万元需提升 GMV 300 万元）。

3.8.6　实操工具箱

1. "反馈漏斗地图"

从收集到落地的 5 层过滤机制，避免被无效反馈淹没。

五层过滤机制如下：

- 收集层：全渠道埋点（App 弹窗、邮件、电话）；
- 去噪层：过滤无效反馈（如"随便点点"）；
- 分类层：按问题类型打标签（数据错误、功能缺陷）；
- 优先级层：按影响范围分级（P0 紧急修复，P3 优化建议）；
- 落地层：关联 JIRA 任务并跟踪闭环。

2. "指标欺诈检测表"

20 个伪装成"有效指标"的虚荣陷阱示例见表 3 - 32。

表 3-32　　　　　　　　　　20 项指标欺诈检测表

类别	指标	陷阱	解药
用户增长类陷阱	DAU（日活跃用户）虚高	大量用户打开 App 即退出，无实际交互	关注"深度活跃用户"（如使用核心功能 ≥5 分钟的用户占比）
	注册量暴增	通过补贴或虚假奖励吸引注册，但 90% 为僵尸账号	追踪"注册 7 日内完成首单的用户比例"
	下载量飙升	刷量或预装带来的虚假繁荣，用户从未打开	关注"下载后次日留存率"
收入与转化类陷阱	GMV（成交总额）增长	通过高退货率商品（如服装）刷高 GMV，实际净利润为负	计算"净 GMV"（扣除退货和补贴后的实际收入）
	点击率（CTR）超高	标题党或诱导性内容骗取点击，但用户停留时间 <3 秒	结合"页面深度"（用户浏览页面数）和"转化率"
	转化率虚高	分母仅包含已进入漏斗的用户，忽略流失环节	全链路追踪"从曝光到成交的转化率"
运营效率类陷阱	AI 模型准确率 99%	仅在封闭测试集上表现优异，真实场景数据分布不同	监控"生产环境准确率"和"用户纠错反馈量"
	平均响应时间 <1 秒	95% 的请求简单，5% 复杂请求拖垮用户体验	统计"P99 响应时间"（最慢的 1% 请求耗时）
	客服接起率 100%	机器人自动回复"请等待"，实际问题未解决	考核"首次解决率"和"用户满意度评分"
技术性能类陷阱	API 调用量破纪录	因系统漏洞导致重复调用或恶意攻击	分析"有效调用占比"（如去重后请求量）
	服务器利用率 100%	资源满载但实际处理有效请求极少（如爬虫攻击）	监控"业务有效负载率"（真实用户请求占比）
	数据量 TB 级	存储大量低价值日志（如调试信息），徒增成本	计算"高价值数据密度"（如用户行为日志占比）
市场与品牌类陷阱	社交媒体粉丝数	购买僵尸粉或抽奖吸引非目标人群	追踪"互动率"（评论、转发、收藏比例）
	品牌曝光量	广告投放量高，但用户印象模糊（如无效广告位）	测量"品牌搜索量增长"和"口碑推荐率"
	活动参与人数	线下活动签到造假，线上活动刷量	统计"深度参与用户"（如提交作品、完成任务的用户数）

类别	指标	陷阱	解药
模型与算法类陷阱	AUC值接近1	数据严重不均衡（如负样本占比99%），AUC虚高	检查"召回率"和"精确率"的平衡性
	特征重要性排名	高度相关特征干扰（如"购买金额"和"购买次数"）	使用SHAP值分析真实因果关系
	实验室准确率	测试集过拟合，缺乏真实场景对抗样本	保留"对抗测试集"（含噪声、模糊、边缘案例）
组织与文化类陷阱	培训人次达标	员工被动签到，实际技能无提升	考核"培训后业务实操合格率"
	专利/论文数量	为凑数申请低价值专利，无实际业务应用	评估"专利转化率"（商用或产品化比例）

总结：如何避开虚荣指标？

☞ 追问"So What?"：指标提升后，业务到底得到了什么？

☞ 关联核心目标：GMV增长是否带动利润？DAU上升是否提升留存？

☞ 穿透数据表象：拆解指标到最小业务单元（如单用户价值）。

记住：虚荣指标是"糖衣炮弹"，务实指标才是"救命弹药"。

3. "迭代冲刺计划"

敏捷开发模板（含需求池、优先级矩阵、复盘会指南）。

敏捷模板：

- 需求池：从反馈中提取Top10问题；

- 优先级矩阵：按"价值/成本"四象限排序；

- 复盘会指南：

  ○ 哪些做得好？（如模型响应速度优化）；

  ○ 哪些要改进？（如A/B测试分流不均）；

  ○ 下一步计划？（如上线"冷启动推荐"功能）。

4. “功能葬礼通知书”

下线公告模板 + 用户补偿方案见图 3 – 16。

【重要通知】亲爱的用户：
我们将于2024年6月30日下线"AI诗词生成"功能。
--它曾陪伴您创作了XXXX首诗，但使用率持续低迷。
最后24小时，点击此处生成专属告别诗→
（补偿：赠送30元代金券）

图 3 – 16　下线通知书示例

5. “伦理红线手册”

医疗、金融、教育等部分行业的不可逾越之界。部分行业伦理红线见表 3 – 33。

表 3 – 33　部分行业伦理红线

行业	伦理项	红线要求
医疗行业（10 条）	诊断结论	AI 辅助诊断结果必须由执业医师签字确认，不得直接作为最终结论
	患者知情权	使用患者数据训练模型前需签署明确授权，禁止默认勾选
	生命权优先	AI 不得参与安乐死、器官分配等涉及生命伦理的决策
	隐私保护	医疗影像数据脱敏前禁止共享（如 CT 图像需抹去患者 ID）
	药品推荐	禁止根据药企佣金调整 AI 处方推荐优先级
	紧急干预	AI 系统发现患者危急值时，必须触发人工警报，不可仅记录不处理
	临床试验	AI 算法用于新药试验时，需通过国家药监局伦理审查
	数据跨境	中国患者基因数据禁止存储于境外服务器
	弱势群体	不得对残障人士、老年人进行歧视性医疗方案推荐
	商业合作	AI 问诊平台不得向私立医院导流收取“人头费”
金融行业（10 条）	反洗钱	AI 风控模型必须嵌入央行反洗钱规则，禁止绕过大额交易监控
	投资者适配	不得向风险承受能力低的用户推荐高风险理财产品
	算法歧视	信贷评分模型禁止使用地域、性别、种族等敏感特征
	数据主权	境内金融数据不得通过境外 AI 平台处理（如 ChatGPT 分析财报）

行业	伦理项	红线要求
金融行业 （10条）	市场操纵	AI量化交易模型需报备监管部门，禁止高频恶意做空
	保险定价	不得根据基因检测结果调整保费（如癌症基因携带者）
	虚拟货币	金融机构AI系统不得支持加密货币交易、清算
	客户告知	AI客服必须明确告知用户对话对象为机器人
	风险披露	AI生成的理财方案需标注"历史收益不代表未来表现"
	系统接管	AI交易系统故障时，必须保留人工强制干预权限
教育行业 （8条）	未成年人保护	AI学习平台不得收集未成年人生物特征信息
	内容审核	AI生成的教案、试题需经教育部审核，禁止夹带违规意识形态
	教育公平	不得通过AI算法向富裕地区倾斜优质教育资源
	教师替代	AI工具不可用于替代教师授课（仅限辅助批改、答疑）
	心理干预	AI不得对学生心理健康状态进行诊断或评级
	数据边界	学生课堂行为数据（如走神次数）禁止用于商业用途
	学术诚信	AI论文查重系统不得泄露学生论文至公开网络
	资质审核	AI外教口语评测需对接国家外语资质数据库
司法领域 （7条）	独立审判	AI不得预测或建议具体案件判决结果
	证据链隔离	AI分析证据时，需与案件其他信息物理隔离，避免污染
	法官裁量权	AI量刑建议仅供参考，不得强制绑定判决系统
	数据安全	庭审录音录像数据禁止用于AI模型训练
	回避原则	与案件有利害关系的AI开发者需声明利益冲突
	舆论干预	AI不得生成可能影响司法公正的舆情分析报告
	执行监督	AI狱政管理系统不得擅自调整犯人风险评估等级
上市公司 监管 （8条）	信息披露	AI生成的财报注释需经CFO签字，禁止自动发布
	内幕信息	AI舆情监控系统发现未公开重大信息时，必须冻结传播
	股价操纵	AI投资者关系管理工具不得选择性释放利好/利空消息
	审计留痕	AI财务分析模型的参数调整需保留完整版本日志
	关联交易	AI供应链管理系统需强制标注关联交易
	ESG造假	AI不得虚构环境、社会责任报告数据
	股东权利	AI股东大会投票系统必须支持人工复核
	跨境合规	涉及中国企业在境外上市的，AI系统需同时满足中国和上市地的数据监管要求

续表

行业	伦理项	红线要求
国资国企 （7 条）	国家秘密	涉及军工、能源等领域的 AI 模型需通过国家安全审查
	资产流失	AI 资产评估模型不得擅自调低国有土地、专利价值
	采购公平	AI 招标系统需屏蔽供应商股东背景关联性分析
	薪酬管控	国企高管绩效 AI 评估不得突破国资委薪酬红线
	混改边界	AI 混改方案模拟不得涉及国防、通信等敏感领域
	数据出境	国企经营数据未经审批不得传输至境外 AI 平台
	历史责任	AI 不得修改或删除国企历史档案中的决策记录

📢 总结与警示

上述 50 条是各行业 AI 应用的绝对禁区，触碰任意一条均可能引发法律追责、社会信任崩塌或系统性风险。技术团队需与法务、合规部门联合建立"红线扫描机制"，在模型设计、数据训练、部署上线全周期嵌入合规校验模块。

📢 工具箱使用提示：

● 按需取用：不同阶段选择适配工具（例如，上线初期重点用数据治理工具，成熟期用成本优化工具）；

● 定制改造：根据行业特性调整模板（例如，医疗行业伦理审查更严格）；

● 持续迭代：每季度更新工具版本，吸收一线反馈。

AI 的终点是"没有终点"。迭代优化不是任务，而是习惯——就像呼吸一样自然，像心跳一样持续。当你看到 AI 系统在用户骂声中成长，在数据洪流中进化，在失败案例中强韧，这才是真正的人工智能生命力。记住：唯一比犯错更可怕的，是不敢犯错。

第 4 章

典型案例：见证新一代
人工智能的现实蝶变

当算法开始理解法律条文，当神经网络穿透金融迷雾，当监管视线突破人力极限——我们正站在人工智能重构产业规则的奇点上。新一代 AI 技术已不再停留于实验室的炫技阶段，而是化身变革的"手术刀"，精准切入司法、金融、监管等传统领域的核心地带，在制度钢骨中植入智能基因，催生着前所未有的化学反应。

这场静默的革命正带来三重范式跃迁：在价值维度，AI 将行业经验转化为可迭代的数字资产，使"人机协同"从概念落地为标准化工作流；在效率维度，智能系统突破人类认知带宽限制，让司法裁判、风险定价等复杂决策进入快速响应时代；更深远的是在伦理维度，算法正在构建新的制衡体系——在金融领域充当资源配置的"理性之手"，在司法系统化身公平正义的"数字护城河"，在监管场景成为制度执行的"铁面判官"。

本章呈现的四个剖面，既是迪博在 AI 技术商业化的里程碑，更是治理文明演进的路标。从智慧法庭到国资监管，每个案例都见证着机器智能与人类智慧的深度咬合。当我们解剖这些"现实蝶变"的样本，不仅能触摸到产业升级的脉搏，更能窥见一个正在成形的未来：在那里，人工智能不是替代者，而是将人类从重复劳动中解放的赋能者，是放大制度优势的增强者，是守护公平价值的忠诚哨兵。

4.1　智慧司法：AI 如何赋能审判公正与效率

当全国都在热议为什么只有杭州出了"六小龙"，实质上，深圳这座以创新为基因的城市，始终以先锋之姿立于科技革命的最前沿。从华为、腾讯的全球领跑，到比亚迪、大疆的颠覆性突破，再到迪博等"专精特新"重点小巨人的锐意突围，深圳正用政策赋能的沃土、产业协同的生态，构建起覆盖基础层、技术层与应用层的人工智能全产业链。这里不仅是技术迭代的试验场，更是未来图景的预言者——当司法领域遭遇效率与公正的双重命题时，深圳再次以一场"AI＋司法"的范式变革，交出了令人瞩目的答卷。

2023 年，深圳市中级人民法院（以下简称深圳中院）率先启动人工智能辅助审判系统建设，并于 2024 年 7 月 1 日全面上线运行。深圳中院首创运用垂直领域大模型集成智能工程，实现司法办案全流程人工智能辅助，在业界引起广泛关注，成为全国法院的标杆工程，被中国工程院外籍院士罗智泉教授评价为"人工智能辅助审判系统是目前我看到的唯一一个将大模型这代人工智能技术与业务应用深度融合的产品。不仅在司法领域是领先的，在全国各行业场景上也是领先的"。这场发生在司法领域的人机协同革命，正在为全国乃至全球司法现代化提供着具有启示性的"深圳方案"。

4.1.1　背景：当司法改革遇上 AI 浪潮

司法审判是社会治理的重要组成部分。随着经济社会的快速发展，矛盾纠纷多发易发，人民群众的司法需求日趋旺盛。2021 年以来，深圳法院年均受理案件和诉前化解纠纷总量超过 72 万件[①]，2023 年达到 73.33万件[②]，2024 年为 69 万件[③]，法官人均年办案量长期位居全国前列。如何有效解决有限的司法资源与迅速增长的案件数量间的矛盾，着力化解审判工作中面临的"材料入口要素化难""案多人少""同案不同判"等难题，及时高效化解纠纷矛盾、深度参与社会治理、实现高质量司法供给，成为深圳法院面临的最大难题，亟须一场"科技破局"，以科技创新手段切实提高审判工作质效、提高公正司法水平、提高司法参与社会治理的广度和深度。

这也是党和国家对我国司法工作发展的前瞻部署和要求。2019 年，习近平总书记在中央政法工作会议上强调，要推动大数据、人工智能等科技创新成果同司法工作深度融合。[④] 2023 年，最高人民法院作出建设全国法院"一张网"的重要部署，同年底印发《关于规范和加强人工智能司法应用的意见》，提出"人工智能司法应用"战略，为人工智能与司法审判工作深度融合提供了政策依据，深圳被赋予"先行示范"的使命。

[①]　深圳市中级人民法院工作报告——2023 年 2 月 15 日在深圳市第七届人民代表大会第四次会议上［N］.深圳特区报，2023 - 03 - 03.

[②]　深圳法院 2023 工作报告：全年受理各类诉求 73.3 万余件［N］.南方都市报，2024 - 01 - 30.

[③]　深圳市中级人民法院.两会期间｜一图读懂市中级人民法院 2024 年工作报告［EB/OL］.2025 - 02 - 26. https://mp.weixin.qq.com/s/VbKvyW-eE5keJ89Ev9NRbw.

[④]　孙晓勇.让大数据更好为司法赋能（治理之道）［N］.人民日报，2021 - 03 - 29（09）.

深圳中院深刻认识到运用人工智能赋能司法审判的必要性和重要意义，积极贯彻落实中央和最高法院的指示精神，依托本地强大的 AI 产业基础，于 2023 年 8 月正式成立"人工智能辅助审判应用工程"领导小组和推进专班，将 AI 辅助审判系统建设纳入"一把手"工程。院党组先后召开 8 次研究部署会，15 个业务研发小组和 11 个基层法院应用小组纷纷成立。深圳市委主要领导专门作出批示，市政务服务数据管理局等有关部门对系统研发全力支持，提供专网 GPU 资源，陆续投入了 70PFLOPS 稀疏算力，有力确保了这场旨在通过技术革新释放司法生产力、推动司法治理能力现代化的改革顺利有序推进。

4.1.2　典型做法：AI 全链条赋能的"深圳方案"

深圳中院人工智能辅助审判系统围绕"公正与效率"工作主题，以"审判流程全覆盖、人机协同不越权"为原则，推出了全国首个司法垂直领域大模型集成智能工程，实现了司法办案全流程人工智能辅助，既大幅提高了公正与效率水平，又探索了全面准确落实司法责任制的新路径，形成了可持续迭代升级的技术应用新范式，打造了"人工智能 + 司法审判"的深圳样本。人工智能辅助司法审判系统架构见图 4 - 1。

1. 质效跃升，AI 赋能审判"全过程"

深圳中院人工智能辅助审判系统首次实现从立案到结案的 28 个重要节点和 57 个辅助节点的全流程智能辅助，审判质效大幅跃升。在立案环节，通过嵌入立案审查要点，系统可辅助法官逐一核查 35 项立案标准，实现审查结论一次性通知，重大敏感等风险精准识别。在阅卷环节，利用文档结构化技术，系统可辅助快速整理卷宗、定位并提取案件关键信息、归纳事实，并可以与原始材料一一对应、同屏对比，大幅缩短法官阅卷时间，精准掌握案情。在庭审环节，庭前可辅助法官快速梳理案件审理要点、归纳诉辩意见、生成庭审提纲，大幅缩短庭审准备时间；庭中可对证据进行比对，审查当事人陈述逻辑，辅助生成突发事件应对方案，有效提高庭审效能。在文书生成环节，通过嵌入最高法院文书样式，系统可依据法官确认的关键信息，辅助生成裁判文书，显著缩短文书制作时间。系统还设置了智能驱动模块，串联立案、阅卷、庭审、文书四大环节功能模块，智能监控办案各环节进度，实现在线提示、预警、督办，并统计、汇总、生成相关数据，为法官自我管理和院庭长监督管理提供了智能化手段。

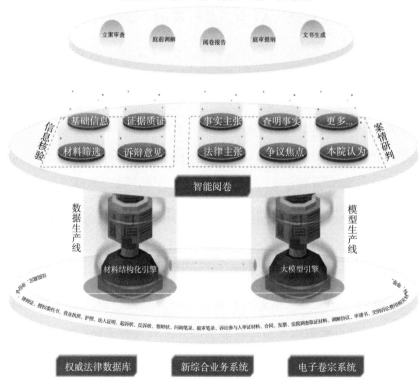

图4-1 人工智能辅助司法审判系统架构

2. 类案同判：AI 守护司法公正"标尺"

深圳中院人工智能辅助审判系统整合了最高法院提供的人民法院案例库、法答网、法信等权威知识服务体系，法官办案所需的法律法规、条文释义、裁判规则、权威案例、法律观点等均得以覆盖，形成万亿汉字量级的法律专业"语料"。在此基础上，依托国内具有自主知识产权的通用大模型基座，探索了一套独有的大模型垂直领域训练算法，完成了首个司法审判垂直领域大模型预训练；并创新性地应用了大模型"树状提示词"工程，能够在全面分析个案事实、审理要点、争议焦点、法律适用问题基础上，实现自动检索、匹配、推送权威类案和裁判思路，辅助法官发现比对可能产生的类案裁判差异，促进裁判标准更加统一，有效规范法官自由裁量权，最大可能确保严格公正司法。

3. 人机共治：技术不越权，裁判有温度

深圳中院人工智能辅助审判系统在设计之初便锚定辅助工具的功能定位，充分尊重裁判者的自主决策权，确保技术进步不越俎代庖，让司法裁判始终由审判人员作出。系统在各环节节点均设置审核、确认、决定选项和提示，作为 AI 辅助生成的前置条件，法官对 AI 辅助生成的资料、文书等负有审核、修改、决策等职责，作出裁判的始终是法官，司法责任最终也由法官承担。AI 会对审判工作各流程节点进行智能排查比对，并根据比对排查情况提示法官对疑问之处作出判断，根据法官决定的判决结果辅助生成裁判文书，过程可及时纠偏、全程可留痕回溯，确保"机器不裁案，法官掌握最终权"。同时，这种人机"协同共治"，也使得监管问责清晰有抓手，监督制约更加规范，让司法责任落得更实、审判质效考核更加精准。

4. 自我进化：越用越聪明的"法学实习生"

深圳中院人工智能辅助审判系统基于新一代大模型技术的调优调参和强化学习范式，设置了用户捕获反馈机制，能够根据法官、审判辅助人员在各个环节的使用习惯、办案信息处理结果、实际裁判结论进行动态优化，具备很强的自我学习和反馈能力。当法官对 AI 生成的文书提出修改意见时，这些反馈会即刻回传至系统，成为其学习和成长的宝贵资源。这种"活系统"特性，使得 AI 能够不断进化与完善，精准贴合司法实践的复杂需求。就像一名不断成长的"法学实习生"，在法官的悉心指导下，持续积累经验，逐步提升自己能力，表现得越来越出色。实践证明，大模型与办案人员在个性化场景中"人机交互"适配能力很强，为司法办案提供的决策辅助精准度提升很快，法官们使用后普遍反映"系统越用越好用"。

4.1.3　成效："公正与效率"双赢的智慧司法新路径

深圳中院人工智能辅助审判系统应用范围目前已覆盖所有常见民商事审判案件、行政审判案件和刑事审判案件（占审判案件总量的 95%）。自2024 年 7 月 1 日至 12 月 31 日，系统全面上线半年来，作为"超级助理"完成了 321 万次的法官指令任务，在各办案决策环节主动推送类似案例和相关知识 536.8 万条，案件审理的规范性、裁判尺度的均衡性、释法说理的透彻性均得到提升。全年全市法院上诉率同比下降 24.2%，一审裁判被发回重审或改判率下降 27.5%，申诉申请再审率下降 12.6%，平均结案时间大幅缩短 38 天。该项目为加速司法审判现代化和助力新质生产力建设作出了积极的探索，引起了广泛的社会关注和高度评价。

1. 各级领导认可肯定

项目得到最高人民法院和深圳市委主要领导的批示肯定，将逐步向全国法院推广，已纳入深圳市"人工智能＋数据要素×"的示范应用和重点项目。

2. 业内专家高度赞誉

中国工程院外籍院士罗智泉教授调研后评价："这个系统是唯一一个将大模型这代人工智能技术与业务应用融合的产品。不仅在司法审判领域是领先的，在全国各行业场景上也是领先的。"①

3. 一线法官和律师评价

深圳中院金融法庭审判长、四级高级法官付璐奇："传统的阅卷方式有很多书面的纸质材料，要用一整天的时间去阅卷、梳理材料，把核心的重要的内容整理出来，形成文字。现在有了 AI 辅助之后，可能它工作的时间只有几秒钟，然后团队再用大概半个小时的时间去复核、确认信息，这个工作就可以完成了。"②

深圳中院法官陈云峰："一件比较复杂的离婚纠纷，涉及当事人的情感纠葛、未成年子女抚养权、财产分割等，一般审理周期比较长，用了系统后，审理周期缩短了一半以上时间，而且裁判文书的法律效果和社会效果都得到显著提高。特别点赞的是，系统对于不合常情常理的问题会提示

---

① 何奎. 在深圳，智赋未来［N］. 人民法院报，2024 - 08 - 29（01）.
② CCTV13《新闻直播间》栏目. 广东深圳应用"AI 助手"提升法官工作效率［EB/OL］.
2024 - 12 - 01.

法官注意，帮助法官发现隐蔽、有争议问题。"①

福田区法院法官阳平："AI辅助系统是集大成者，一个平台贯穿办案全流程，有着向导员、批注员、书记员和法官助理等诸多功能，现在越来越离不开它了。"②

律师张金寿："现在不论繁案、简案，判决书都完整规范，类案同判，说理部分翔实严谨，当事人有了被重视的感觉，即使败诉，不服的情绪也明显缓和。"③

4. 权威媒体评价

新华社、人民日报、人民法院报、中央电视台、南方日报、深圳特区报、深圳卫视等权威媒体进行了系列报道。

《人民日报》客户端：这是全国首个司法审判垂直领域大模型，实现"人工智能＋审判"深度融合，是深圳在"人工智能＋"和"数据要素×"融合应用领域的一个标志性示范，将为深圳法治先行示范城市建设注入强劲动能。

《人民法院报》：深圳法院锚定为全国法院"一张网"建设提供"深圳样板"这一目标，蹚出了一条人工智能司法深度应用的新路，为全国智能辅助审判建设贡献智慧和力量。

深圳卫视：此次人工智能司法辅助审判系统上线运行，是深圳运用新质生产力不断深化司法改革、不断提高司法审判公正与效率的重要举措，在全国法院系统具有先行示范的效用。

---

① 张燕，李倩. 全国首个司法审判垂直领域大模型启用［N］. 深圳特区报，2024－06－29.
②③ 何奎. 在深圳，智赋未来［N］. 人民法院报，2024－08－29（01）.

5．诸多同行参观调研

项目的成功实施吸引了云南高院、上海高院、湖南高院、内蒙古高院等诸多同行单位前来参观调研，为全国法院系统的智能化建设提供了宝贵的经验和启示。

深圳法院的 AI 实践证明，科技不是冰冷的替代者，而是司法公正的"加速器"和"守护者"。当法官从烦琐事务中解放出来，便能更专注案情研判与人性化裁判；当数据壁垒被打破，司法透明度和公信力自然提升。这场"智能革命"不仅重塑了审判流程，更让群众真切感受到了"数字正义"的温度。

4.2　金融风控新引擎：AI 助力银行信贷精准高效

2024 年政府工作报告首次提出"人工智能＋"行动，将"深化大数据、AI 研发应用"列为现代化产业体系建设的核心任务。"科技金融"作为金融"五篇大文章"之首，是实现金融行业高质量发展和新质生产力的关键驱动力。随着大数据、人工智能等前沿技术不断突破，尤其是 ChatGPT 的横空出世推动新一轮技术浪潮持续升级，给各行各业带来了巨大影响。作为技术应用的前沿领域，金融科技革命势不可挡，"AI ＋ 金融"成为赋能新质生产力的必然选择。

4.2.1 背景：内生需求驱动智能化转型

迪博数据统计显示，2019 年一季度至 2024 年三季度，我国上市银行净息差从 2.25% 降至 1.78%，净利润增速逐年放缓。[①] 在息差收窄与利润承压的双重挑战下，银行亟须通过智能化手段重构业务模式，实现降本增效。

作为银行核心收入来源，传统信贷业务严重依赖信贷员"三头六臂"达人式尽调工作，业务发展面临三大瓶颈：资料处理环节需耗费大量人力采集和录入信息；审核阶段难以及时验证资料真实性；风险评估过度依赖个人经验，导致授信报告质量波动，不仅严重制约业务效率，更难以应对市场对精准风控和快速响应的需求。在此背景下，优化信贷流程、提升报告质量与处理时效，成为突破经营困境的关键路径。

4.2.2 典型做法：AI 驱动的信贷全流程智能化重构

应用大数据、人工智能等先进技术尤其是大语言模型算法等，打造一站式智能可视化尽调报告生成系统，帮助信贷经理实现信贷业务中大量非结构化信息的优质高效智能结构化处理，实施合规性智审、风险智能研判和报告智能生成，有效释放信贷资源、减轻信贷压力，为信贷业务智能运营和决策提供支撑，促进金融更好地赋能实体经济发展。AI 赋能信贷业务架构见图 4－2。

---

① 根据 2019－2024 年银行业上市公司季度报告数据计算，数据来源：迪博数据资讯 https：// data. dibdata. cn。

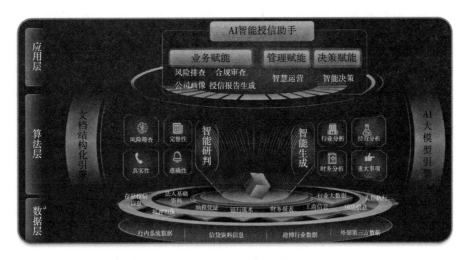

图 4 – 2　AI 赋能信贷业务架构

1. 破解信贷资料要素化难题

创新信贷材料智能结构化处理技术，实现对企业银行流水、征信报告、购销发票、纳税证明、财务报表审计报告等各类信贷资料文档进行智能结构化要素处理，同时提供信贷资料数据同屏比对、数据要素坐标定位、溯源修改、图片文档双 PDF 图层复制等功能，辅助提升信贷资料要素化准确性与灵活便捷性。

2. 合作型人机智能交互 AI 辅助系统

实现信贷资料全生命周期的人机 AI 智能交互处理。资料上传后，系统自动进行分类、结构化提取、溯源定位、清洗、校验和标准化，重点从完整性、准确性、真实性方面对资料进行全面智检，确保尽调合规高效。同时，通过系统内嵌的风险审查指标及画像模型，并依托征信、工商、司法、税务、处罚及第三方数据库等信息，对申贷企业进行一站式非现场风险筛查、特征挖掘和价值评估，实现有效控风险和高质量获客。最后，将各类信贷资料要素数据、汇总分析、智能计算结果自动"输入"系统，一键生成报告。在此过程中，人工可进行资料分类编目、数据核验、报告修改与重新生成等辅助操作，并对最终的信贷决策及报告负责，确保信贷业务质量。

3. AI 大模型授信报告生成及溯源

以规则与事实为基准，打造形成生成式 AI 与判别式 AI 深度融合的智能报告生成系统。系统基于规则引擎、深度学习和大语言模型算法，融合一线信贷经理的业务经验和专业积淀，并通过构建向量库、建立提示词工程、进行 RAG 检索增强，利用思维链路进行信息整合，快速生成高质量的授信报告，形成涵盖申贷企业基本信息、行业状况、业务运营情况、财务健康度以及关键事件分析等多个维度的内容，并支持进行大模型报告生成的溯源修改，可以追踪报告生成的过程，在极大提升报告生成效率的同时，确保了报告的透明度和可验证性。

4. AI 智慧运营支持及决策辅助

系统构建了全景式管理看板，通过数据驱动的动态分析模型，为不同管理层级提供精准支持。例如，支行领导及相关职能部门，可通过信贷员绩效、授信客户转化率、新增贷款额度等维度了解该行信贷业务运营管理情况，及时发现问题并进行改进；分行领导可从各支行业务表现、各信贷产品销售情况、信贷客群分布等多个维度，进行业务全景洞察、产品竞争力分析和客群战略挖掘，辅助信贷决策制定。

5. AI＋服务模式创新

创新 AI 应用服务模式，在确保数据安全、合规、可信的前提下，采用"人工智能＋"数据服务模式。在此模式下，由服务商提供算力、算法以及相关的软硬件，并依托服务商自有的行业数据库，向客户提供灵活、便捷、轻量级的服务，项目实施周期短、初始投入资金量较小、风险小，不仅降低了客户的初期投资成本，缩短了项目的实施周期，也确保了服务的安全性和稳定性，并推动 AI＋应用落地的步伐。

4.2.3 成效：AI 赋能的价值释放路径

1. 信贷业务质效显著提升

借助 AI 技术手段，在信贷资料收集完整的前提下，将原有模式下，信贷经理至少需要 4 周左右才能完成单家信贷企业的信贷资料处理、汇总、分析计算和报告撰写工作，至少缩短至 3 天以内完成，极大地提升了授信效能，实现信贷服务模式的转型升级。

2. 信贷风险控制能力增强

通过整合征信、工商、司法、税务、处罚等各类数据信息，搭建多维度风险排查和画像模型，银行可快速识别失信、违法违规、欺诈等行为及异常风险信号，精准定位高质量客户，有效防控信贷业务风险，降低不良贷款率，为银行的稳健运营筑牢安全防线。

3. 信贷业务运营管理水平有效提升

基于大数据智能分析平台，银行可实现信贷业务全流程数字化监控与管理，实时追踪存贷比、审批时效等核心指标，自动预警异常数据，并智能调度客户经理资源，大大提升了需求响应速度。管理层借助客群迁徙图谱等 AI 分析工具，可快速制定精准营销策略，推动信贷运营从经验判断向数据驱动智能决策转型，有效提升整体管理效能。

在这场 AI 驱动的金融变革中，技术不仅是效率工具，更是重塑金融资源配置逻辑的战略武器。当每一份授信报告都凝结着人类智慧与机器智能的结晶，银行业正迎来从"经验依赖"到"数智驱动"的质变时刻。这种"机器算力＋人类洞察"的融合，不仅让信贷资源配置从"经验模糊区"迈入"数据精准带"，更催生出覆盖风险防控、客户触达、流程管理的全链智能生态。在政策与技术的双轮驱动下，金融业正以数智化内核重塑新质生产力，开启高质量发展新纪元。

4.3　监管升级：AI 赋能上市公司监管变革

资本市场作为国民经济的重要枢纽，其健康稳定与高质量发展直接关乎经济转型与金融安全。近年来，我国资本市场改革持续深化，科创板、北交所相继设立，注册制全面推行，境内上市公司数量从 2018 年的 3584 家激增至 2024 年的 5300 余家，总市值突破 85 万亿元。[①] 然而，市场规模的快速扩张与业务复杂度的几何级增长，使得传统监管模式面临前所未有的挑战。一方面，国家层面将金融风险防控提升至战略高度，党的二十大报告明确提出"守住不发生系统性风险底线"，国务院金融委多次强调

---

① 中国上市公司协会．中上协统计月报（2025 年 1 月）［EB/OL］．2025 – 02 – 25. https：//www.capco.org.cn/sjfb/dytj/index.html.

"健全资本市场风险监测预警机制"；另一方面，信息披露失真、财务造假、内幕交易等违法违规行为屡禁不止，仅 2023 年证监会稽查部门便办理案件 717 件，罚没金额超 63.89 亿元，① 康美药业、瑞幸咖啡等重大案件暴露出监管穿透力不足的深层矛盾。

4.3.1　背景：数智化监管的必然性与紧迫性

在资本市场高质量发展的目标驱动下，信息披露的核心地位越发凸显。注册制改革以"以信息披露为中心"为核心理念，要求上市公司实现"真实、准确、完整、及时、公平"的信息披露。但现实困境在于，市场扩容与监管资源失衡的矛盾进一步加剧。尤其是海量公告数据的非结构化特征与人工审核的局限性形成尖锐对立。更严峻的是，违法违规手段持续升级：从传统的虚增收入、隐瞒负债，到利用跨境架构、数字货币等新型工具规避监管，给监管工作带来了更大压力。

国家层面对此已有深刻认知与战略部署。2018 年证监会启动"科技监管"战略，2021 年发布《资本市场科技监管三年行动计划》，明确提出"构建智能、精准、高效的监管体系"；2024 年国务院印发《金融科技发展规划（2024 - 2026）》，要求"深化人工智能、区块链在监管合规领域的应用"。这些政策既是对市场痛点的回应，更是对"健全具有高度适应性、竞争力、普惠性的现代金融体系"顶层设计的落地实践。当数据成为新型生产要素，当算法开始解构传统监管逻辑，一场从"人盯人"到"数智穿透"的监管革命已势在必行。

---

① 中国证监会.《长牙带刺"严监严管"证监会持续加大证券期货违法行为打击力度 - - 中国证监会 2023 年执法情况综述［EB/OL］. 2024 - 05 - 15. http：//www. csrc. gov. cn/csrc/c100028/c7480575/content. shtml.

4.3.2　典型做法：从数据洪流到监管智慧的升维实践

AI 赋能上市公司监管总体架构见图 4-3。

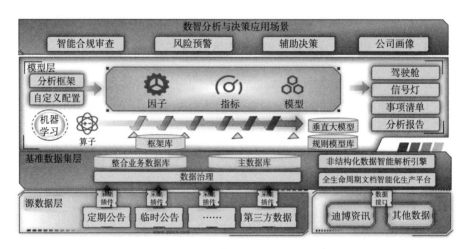

图 4-3　AI 赋能上市公司监管总体架构

1. 多源数据整合：构建监管"全景视图"

在资本市场"数据爆炸"的时代，监管机构面对的不仅是上市公司年报、临时公告的文本洪流，更有非上市发债企业的债券年报、新三板公司的治理报告等多元主体的海量披露信息。这些数据以 PDF、扫描件、表格、图片等异构形态存在，结构化比例不足 30%，如同一座座"信息孤岛"散落在监管视野之外。如何从这些碎片化、多模态的数据中精准提炼出公司基本信息、经营动态、财务健康度、股权关系等核心要素，成为穿透式监管的首要挑战。

（1）构建非结构化数据智能解析引擎。

依托 TensorFlow 框架，构建非结构化数据智能解析引擎。针对上市公司年报中混杂的文本段落、嵌套表格、手写签名扫描件，创新研发"多模态融合解析算法"，通过光学字符识别（OCR）与自然语言处理（NLP）的协同作用，实现像素级解析与语义关联。以财务报表为例，系统可自动识别合并资产负债表中的"应收账款""存货"等科目，智能匹配会计准则，并将非结构化数据转化为标准化字段。这一突破的背后，是超过 200 万份历史文档的训练数据集，以及持续迭代的深度学习模型——每天系统自动吸收 5000 份新披露文件，动态优化实体识别与关系抽取能力。

（2）采用"规则＋大模型"双轮驱动策略。

面对新三板公司治理报告中频繁出现的非标表述（如"实际控制人间接持股比例存潜在变动风险"），采用"规则＋大模型"双轮驱动策略：一方面，内嵌上万条校验规则（如股权穿透计算逻辑、关联交易披露标准）；另一方面，基于国产通用大模型基座微调行业专用模型，实现自由文本的意图理解与结构化映射。例如，某挂牌公司在风险提示章节用"业务转型存在不确定性"模糊表述核心技术流失问题，系统通过语义分析自动关联研发投入同比下降 45％、核心专利到期等数据，生成红色预警信号。

（3）外部数据的"蛛网式"融合策略。

外部数据的整合则是另一场"攻坚战"。工商变更记录、司法裁判文书、舆情热点等数据散落在数百个接口中，格式差异显著——有的以 API 实时推送，有的需定时获取 HTML 页面，甚至部分地方行政处罚信息仅以图片形式公示。基于此，设计"三级数据清洗漏斗"：第一层通过自适应解析器（Adaptive Parser）统一数据格式；第二层利用知识图谱构建"企业—自然人—事件"关联网络，自动识别上市公司实控人通过控股空壳公司转移资产的隐蔽路径；第三层引入对抗验证机制，当工商登记的注册资本与财报实缴资本差异超 30％ 时，自动触发跨源比对（如税务数据中的实收资本印花税缴纳记录）。

（4）打造全生命周期文档智能化生产平台。

为应对海量数据的实时处理需求，打造"全生命周期文档智能化生产平台"。平台采用分布式计算架构，支持 7×24 小时自动化流水线作业，单个文档处理速度达秒级。以债券年报解析为例，从 PDF 上传到完成 4000 余个结构化字段提取、跨表勾稽关系校验、关键指标计算（如利息保障倍数、现金流覆盖率）全流程实现秒级响应，效率较传统模式提升 50 倍。同时，提供"人机双重审核＋反向核校＋质量抽检"三重保障机制，平台输出的数据准确率稳定在 99.7% 以上。

（5）数据采集的极致颗粒度与可追溯性。

在数据采集层面，平台遵循"应采尽采、最小颗粒"原则。以上市公司年报为例，结构化字段精细至"无形资产—土地使用权—已抵押部分账面价值"层级，字段总量近 4000 项，且每个数据均可逆向追溯至原始披露文件的页码与坐标位置。这种极致的数据颗粒度，有助于监管员及时发现隐藏在诸如年报附注的折叠表格等隐蔽地方的异常信息。

（6）低代码配置与敏捷响应能力。

技术的易用性同样被纳入设计基因。通过组件化封装与低代码可视化配置，业务人员无须编写代码即可快速扩展数据采集需求。例如，当北交所新增"专精特新企业研发投入明细"披露要求时，监管员通过拖拽字段、定义校验规则，2 小时内完成采集模板配置，相较传统开发模式节省 90% 的时间。

2. 智能审核：从"人工核验"到"机器侦探"

（1）规则引擎与动态知识库的双重驱动。

资本市场监管的核心在于对信息披露合规性的精准把控。传统人工审核模式下，一线监管人员需熟记上千条监管规则，并依赖经验判断财务数据的合理性。基于此，构建"规则引擎＋动态知识库"的智能审核体系。其中，规则引擎内嵌超5000条结构化监管规则，涵盖财务核算、关联交易、股权变动等核心领域，并支持实时更新。动态知识库则通过自然语言处理（NLP）技术，将历年问询函、处罚案例、专家经验转化为可执行的审核逻辑。某案例中，系统通过分析历史处罚数据，自动识别出"应收账款周转天数突增＋审计费用异常"的舞弊组合特征，精准锁定一家虚构收入的生物医药企业。

（2）多维度数据关联：穿透式风险扫描。

信息披露的真实性往往隐藏在数据关联的断层中。传统审核依赖单一文档的孤立分析，难以发现跨报表、跨周期的系统性风险。智能审核系统通过知识图谱技术，构建"财务数据—业务运营—外部事件"的立体关联网络：一是支持财务勾稽验证，例如，系统可自动校验现金流量表"销售商品收入"与利润表"营业收入"的匹配度；二是支持时空关联分析，通过对比企业历年相关联指标的差异（如研发投入与专利产出曲线），发现异常点；三是支持舆情交叉验证，例如，当企业年报宣称"主营业务稳健增长"时，系统自动关联舆情平台中"主要客户订单取消"的负面报道，触发深度核查。

（3）从"静态规则"到"动态进化"的审核范式。

为应对层出不穷的监管套利手法，系统引入"对抗性学习＋专家反馈"的持续优化机制：一是进行对抗性样本训练，利用生成对抗网络（GAN）模拟"两套账""体外循环"等新型舞弊手段，使模型对隐蔽违规的识别率大大提升；二是实行人机协同标注，由监管员对机器标记的疑点进行复核，修正结果实时反馈至模型，提升逻辑校验准确率。

3. 财务舞弊预测：从"事后追责"到"事前阻断"

（1）多维度特征工程：解构舞弊的蛛丝马迹。

财务舞弊的本质是数据异常在多个维度的耦合共振。传统人工筛查往往局限于单一科目（如收入或利润）的显性异常，而忽视跨周期、跨主体的隐蔽关联。基于此，从海量数据中提炼出上百项风险指标，涵盖四大核心维度：一是财务异常信号，如毛利率波动率突增、应收账款周转天数异常、现金流量表勾稽失衡；二是行为特征信号，如审计师频繁变更、高管减持时点精准匹配；三是市场异动信号，如融券余额突增、研报评级与基本面背离；四是行业特性信号，如研发投入与专利产出偏离、产能利用率与收入增长背离等。从而全面解构财务舞弊风险的"蛛丝马迹"，助力监管人员及时发现风险点。

（2）混合模型架构：显性与隐蔽风险的协同阻击。

单一算法难以应对舞弊手法的复杂性。为此，系统构建了"XGBoost＋GNN＋对抗学习"的混合模型框架。一是支持 XGBoost 显性异常检测，针对结构化财务数据（如资产负债表、利润表），训练监督学习模型，精准识别毛利率异常、存货周转率突变等显性风险。二是运用图神经网络（GNN）隐蔽关联挖掘，构建"企业—股东—供应商—客户"关系网络，通过节点嵌入与子图聚类，识别循环交易、关联方资金占用等隐蔽模式。三是通过对抗性学习增强鲁棒性，引入 Wasserstein GAN 生成合成舞弊样本（如虚构海外客户、伪造银行流水），迫使模型学习更复杂的异常模式。

（3）专家反馈闭环：从机器学习到"人机共智"。

模型的持续进化离不开监管专家的经验反哺。系统设计双重反馈机制。一是样本标注与权重调整，由监管人员对机器预警结果进行复核，标注误报与漏报案例，对模型进行不断微调，优化提升模型能力。二是动态规则及时注入，将最新监管政策与稽查经验转化为可执行规则，提高风险识别效能。

4.3.3　成效：数智赋能，重塑资本市场监管新生态

1. 切实提升上市公司监管效能

通过运用互联网、大数据、人工智能等现代信息技术对上市公司定期报告、临时公告及工商、司法、舆情等外部信息进行多源数据整合、分析建模，实现对上市公司宏微观情况的实时监测，以及上市公司质量与风险监测的智能化、自动化，辅助一线监管人员快速定位上市公司的疑点问题，提升主动发现和处置风险的能力，实现精准监管、主动监管、高效监管，促进上市公司规范运作，提升上市公司质量，有效督促市场主体提高信息披露质量、防范异常交易行为、及时发现违法违规线索，引导资源合理配置，实现资本市场的高质量健康发展，有效保护投资者。

2. 推动监管模式实现重大变革

实现了信息技术辅助监管从"记录存档"阶段到"机器自动分析处理"阶段的进步，促使监管方式从"消防员"式的被动监管向主动、精准、高效、高质量的监管方式转变，为防范化解资本市场重大风险、提升监管效能提供坚实的技术保障，是在证券市场监管领域展开的一次革命性的探索，对于证券监管部门运用大数据与人工智能相结合的手段进行证券科技监管有很强的带头示范作用。为进一步深入贯彻落实系统性金融风险防控重要任务和依法全面从严监管要求，有效督促市场主体提高信息披露

质量、防范异常交易行为、及时发现违法违规线索，确保资本市场稳健发展提供了坚实的技术保障，具有重大的推广价值。

资本市场的健康发展离不开监管效能的持续升级。从传统的"人海战术"到 AI 驱动的"数智穿透"，这场监管范式的革命不仅体现在技术工具的迭代，更在于底层逻辑的重构——通过多源数据融合、智能模型训练与专家经验反馈的闭环，实现了风险预警从"事后追责"向"事前阻断"的跨越式转变。未来，随着联邦学习打通跨域数据壁垒、因果推理揭示风险传导本质、ESG 模型遏制"洗绿"行为等技术的不断突破实现，监管科技将迈向更深层次的生态化治理，资本市场的透明与公平将得到根本性保障。

4.4 国资国企监管革新：AI 筑牢风控合规长效机制

随着我国国有资本授权经营体制改革的不断深入推进，健全以管资本为主的国有资产监管体制成为新时期党中央关注的一项重要议题。"十四五"规划明确提出，要坚持授权与监管相结合、放活与管好相统一，大力推进国资监管理念、重点、方式等多方位转变；要注重通过法人治理结构履职，加强事中事后监管；要注重防范化解重大风险挑战，完善内控制度，加强合规管理；要健全发现问题、纠正偏差、严格责任追究的协同高效的监督机制，构建全覆盖的责任制度和监督制度，切实防止国有资产流失，并强调，要积极推进监管能力现代化，强化监管科技运用，推进线上线下一体化监管。习近平总书记在重要讲话中也多次强调，要建立全方位、多层次、立体化监管体系，实现事前事中事后全链条全领域监管；[1] 要改进提高监管技术和手段，善于运用互联网和信息化手段开展工作。[2]

4.4.1　背景：构建以管资本为核心的国资监管新体系

国务院国有资产监督管理委员会（以下简称国资委）相继发布了一系列政策文件，对国资国企风险、内控合规、监督评价、审计、追责等提出了新要求。其中《关于以管资本为主加快国有资产监管职能转变的实施意见》明确提出"加强事中事后监管。切实减少审批事项，打造事前制度规范、事中跟踪监控、事后监督问责的完整工作链条。推进信息化与监管业务深度融合，统一信息工作平台，实现实时在线动态监管，提高监管的针对性和有效性。"2021 年 11 月，国资委启动了国资监管数字化智能化提升专项行动，要求要以优化完善逻辑统一的国资国企在线监管系统为主线，通过数字化提升、智能化提升两个阶段，在国务院国资委、中央企业和地方国资委三个层面上，有序推动信息系统全面上云。

总体来看，新时期国资国企监管主要呈现两大特点：一是要大力提升监督合力，实现监督职能、监管资源、监管结果的有效整合和协同发力，避免资源重复和浪费；二是要实现国资国企监管的数字化智能化水平，实

---

① 习近平主持召开中央全面深化改革委员会会议：加强反垄断反不正当竞争监管力度 完善物资储备体制机制 深入打好污染防治攻坚战 ［EB/OL］. 新华网，2021 – 08 – 30. https：//www. gov. cn/xinwen/2021 – 08/30/content_5634220. htm.

② 习近平. 决胜全面建成小康社会 夺取新时代中国特色社会主义伟大胜利——在中国共产党第十九次全国代表大会上的报告 ［EB/OL］. 2017 – 10 – 18. https：//www. gov. cn/zhuanti/2017 – 10/27/content_5234876. htm.

现对海量监管信息的充分运用，提高对风险及问题的精准识别、实时监控和及时预警，有效提升监管效能。

然而，与新时期的要求相比，国资国企监管还存在较大差距。一是由于国资国企监管链条长，涉及风险、内控、合规、审计、追责、整改等不同业务环节，并分散在不同的职能部门之间，存在职能界限不清晰、多头监管、重复监管等情形，影响监管的效率和效果；二是由于监管信息多分布在不同职能部门，信息共享较难，形成了大量的"信息孤岛"，而且由于信息的类别、格式多样，给监管信息的统一采集和比较分析带来较大挑战；三是受制于监管技术和手段方法的落后，多数监管工作仍为线下手工作业，加上工作量大、人手不足等，极大地制约了监管效能；四是监督成果散落在各部门、各岗位人员手里，难以实现跨岗位、跨职能、跨部门的流转和共享，导致监管成果不能得到有效应用，并造成重复监督或监管空白现象；五是对国家审计、纪检监察、司法、工商、安全、证监等其他监管机构在监督过程形成的相关信息和成果的整合利用方面还远远不足。

综上所述，为适应新时期国资国企监管的新形势、新要求，积极运用大数据、人工智能等新一代信息技术，不断改进优化国资国企监管工作方式方法，切实提升内外各类监管资源和监管信息的充分应用，实现国资国企监管的工作闭环和监督合力，已成为迫切需要。

4.4.2　典型做法：打造"五位一体"国资国企智慧监督系统

建设一个集"风险、内控合规、审计、整改、追责"于一体的国资国企智慧监督系统，通过将大数据、人工智能等先进信息技术有效应用到国资国企监督管理工作中，为国资国企监管机构构建一个"3＋2"大监督管理体系，实现内外部监督资源、监督职能、监督成果运用的有效整合与协同，形成系统联动、资源共享、协同合作的监督合力和全覆盖、全过程、全链条的监督闭环，切实提升国资国企监管的精准高效和智能化水平，以更好地适应以管资本为主加强国有资产监管、着力强化事中事后监督的新要求。AI赋能国资国企智慧监管架构见图4-4。

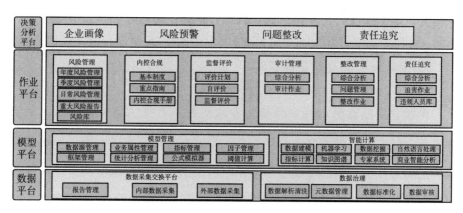

图4-4　AI赋能国资国企智慧监管架构

1. 智能监督中枢平台重构

基于云原生架构打造"监管大脑"，集成风险管理、内控合规、审计、整改督办、责任追究五大核心模块。采用低代码平台实现监督流程可视化编排，构建"识别—监测—评价—整改—问责"全生命周期管理闭环。通过标准化API网关对接异构业务系统，建立统一权限管理体系与数据交换协议，实现跨层级、跨部门监管业务协同。部署智能规则引擎，支持监管策略动态配置与自动化任务分发，降低人工干预度。

2. 多源数据融合与智能分析

搭建企业级数据湖架构，支持结构化模板导入、API接口对接、IoT设备直连等多模态数据采集。构建监管特征数据库，运用NLP技术实现非结构化数据标准化处理。部署可视化分析平台，集成 BI 工具与机器学习算法，建立"监管层—企业"（适合监管机构）/"集团—板块—企业"（适合企业集团）的层级穿透式分析模型。通过风险热力图、合规态势仪表盘等可视化载体，实现监管数据实时监控与趋势预判。建立数据质量校验机制，运用区块链技术确保监管数据可追溯、防篡改。

3. 智能风控与动态预警机制

构建"指标监测＋模型预警＋专家研判"三维风险识别体系。定量维度建立包含财务健康度、合规偏离度等核心指标的监测矩阵，采用熵权法确定动态权重；定性维度运用知识图谱技术构建行业风险特征库，实现风险事件智能关联分析。部署风险预警决策树模型，设置"红橙黄"三级预警阈值，通过移动端推送、系统弹窗、邮件通知等多渠道触发预警响应。建立重大风险联席研判机制，依托数字孪生技术进行风险演化模拟。

4. 监督成果协同应用体系

通过三个环节实现监督成果运用的有效协同。一是统一监督成果信息入口及标准，通过结构化监督成果信息，实现成果信息的一次录入、永续留存和多次复用；建立知识图谱驱动的智能检索系统，支持历史案例智能匹配与复用。二是开发监督信息交换中间件，支持与纪检监察、国家审计等外部系统及外部公开信息的安全数据交互；部署智能推荐引擎，实现跨部门监管线索自动关联与任务分发。三是统一监管要求出口，针对不同性质的监督成果，监管层内部联合决策后，可通过平台中的统一出口下达到直管企业，最大化消除重复监督，提升监督效率，减轻被监管企业和监管机构的工作量。

4.4.3　成效：智慧监管生态构建与长效价值释放

1. 推动监管职能转变

通过国资国企智慧监督系统的建设，有效统一各项子工作平台，整合优化各种监督资源，构建国资国企大监督平台，强化监督监管力度和效率，为推进各级国资委切实转变职能、强化事中事后监管效能、实现授权放权与管住管好有效统一提供有益助力。

2. 推动监管方式和手段创新

通过综合运用大数据、人工智能、互联网等现代信息化技术，有效创新国有资产监管方式和手段，实现对直管企业重大风险、缺陷整改等信息的动态、实时监测和自动预警。尤其是通过对直管企业重大风险的实时监控和常态化监控，做到了"辨识于青萍之末，防患于未然之际"。

3. 推动工作模式创新

充分运用大数据技术，打破各层级各部门之间的信息孤岛，实现国资监管各类数据"应采尽采、应管尽管、应用尽用、应看尽看"，使数据从辅助统计分析到真正支撑业务决策，真正形成用数据说话、用数据管理、用数据决策、用数据创新的工作机制。

4. 有效提升监督合力

有效统筹党政监督、出资人监管、企业内审等多方力量，并进一步加强与审计、纪检监察、巡视等外部监督力量的有效衔接，提升监督合力，形成部门联动、资源共享、协同合作的国资监督工作格局。

5. 形成监督闭环

有效形成业务监督、审计监督、监事会监督、纪检监督、责任追究等监督工作的一体化工作闭环，完善发现问题、督促整改、追责问责、结果运用的工作机制，实现对直属企业重大监管事项的全过程全链条管控。

国资国企监管革新以 AI 技术为驱动引擎，成功构建起"智能中枢—数据融合—动态风控—协同应用"的智慧监管体系，标志着以管资本为核心的监管新范式正式成型，有效推动监管职能从事务管理向价值管理转变，监管手段从人工核查向智能研判跃迁，工作模式从条块分割向协同联动演进，不仅能显著提升监管精准度与时效性，更能形成"数据驱动、智能决策、穿透管理"的新型监督生态，为防范重大经营风险、保障国有资产保值增值构筑起智慧化长效机制，为新时代国资监管数字化转型提供了可复制、可推广的实践范本。

第 5 章

未来脉动：人工智能的
发展趋势与挑战

我们正站在数字文明的新纪元门口。当算法的进化速度超越生物演化，当机器的认知维度突破人类想象，这场革命早已超越单纯的技术迭代，演变为文明形态的基因重组。

本章将带您穿透技术迷雾，触摸 AI 浪潮的深层脉动：从技术突破的必然逻辑，到暗流汹涌的伦理挑战；从硅基生命的觉醒征兆，到人机共存的终极命题。这不是预言家的水晶球占卜，而是基于千万行代码、亿万次实验构建的未来沙盘。在这里，每个技术细节都藏着改变世界的密码，每次伦理抉择都关乎人类文明的存续方向。让我们共同展开这幅人与机器共生的未来蓝图，聆听数字洪流中最激荡的潮声。

5.1　潮涌向前：人工智能技术的必然趋势与突破

当 AlphaGO 在棋盘上落下一记看似荒唐的"神之一手"，当 ChatGPT 突然能写出令人惊艳的情书，当自动驾驶汽车在暴雨夜流畅穿行于闹市……这些令人震撼的瞬间，都在无声地宣告：人工智能正经历着从"量变"到"质变"的惊险一跃。这场革命不是实验室里的偶然火花，而是遵循着某种宿命般的进化密码——从机械的规则到数据觉醒，从笨拙的单一到智慧通用，从孤独的算法到万物共鸣，AI 正在以人类难以想象的速度，重塑着这个世界的底层逻辑。人工智能技术发展趋势见图 5 - 1。

从规则驱动到数据驱动

· 规则驱动局限：符号主义依赖专家制定规则，知识获取、更新困难，难以处理复杂问题。
· 数据驱动优势：机器学习及深度学习基于数据自动学习，适应性强，可处理大规模复杂数据。
· 融合趋势：结合规则与数据驱动，如知识图谱与深度学习融合，提升模型性能

从单一任务到通用智能

· 单一任务限制：早期工人智能专注于单一任务，如专家系统仅解决特定领域问题，难以跨领域应用。
· 通用智能探索：大模型具备多领域知识和任务处理能力，如GPT可处理多种语言任务，推动通用智能发展。
· 技术挑战：通用智能面临算力、数据、模型优化等挑战，需持续探索

从独立技术到融合协作

· 早期独立发展：符号主义、机器学习、深度学习等技术早期独立发展，各自为政。
· 融合协作趋势：新一代人工智能强调技术融合，如符号主义与机器学习结合，提升模型可解释性。
· 未来展望：多技术融合将推动人工智能向更智能、更高效的方向发展

图 5 - 1　人工智能技术发展趋势

5.1.1 从"铁皮手册"到"数据矿工"：认知革命的底层跃迁

20世纪80年代，专家系统曾让人类产生"机器即将统治世界"的恐慌。这些依靠人工编写数万条规则的"电子百科全书"，连识别一只猫都会陷入逻辑死循环。直到2012年，AlexNet用深度学习在图像识别领域撕开突破口，人类才猛然发现：真正的人工智能不需要被"教"，而需要被"养"。

在数据洪流的冲刷下，AI正在完成认知维度的降维打击。就像婴儿通过观察世界建立认知，GPT－4吞下45TB语料后突然理解了文字背后的情感温度，Stable Diffusion看遍人类艺术史后开始创造新的美学范式。这种数据驱动带来的不仅是精准度的提升，更是涌现出人类无法设计的"直觉智慧"——就像AlphaFold破解蛋白质折叠之谜时，科学家们甚至难以解释某些预测结果的生成路径。

这场认知革命正在催生更疯狂的进化形态：自监督学习让AI学会"无师自通"，合成数据技术正在创造虚拟的"数据永动机"，神经符号系统的结合让机器同时拥有直觉与推理能力。当量子计算撕开算力天花板，我们或将见证AI突然获得指数级进化能力，就像寒武纪生命大爆发般绚烂。

5.1.2 从"偏科天才"到"通识学者"：能力疆域的生态重构

GPT－4通过律师资格考试的那个清晨，硅谷的咖啡厅里弥漫着某种宿命感。这个能写代码、懂法律、聊哲学、画插画的"通才"，彻底打破了"人工智能只能在垂直领域称王"的魔咒。通用人工智能（AGI）的曙光里，藏着人类最深的恐惧与渴望。

这种进化遵循着生物演化的古老智慧：视觉大模型让AI获得"眼

睛"，多模态学习赋予其"通感"，具身智能则正在构建"数字躯体"。就像生命从海洋走向陆地，AI 正在突破虚拟与现实的次元壁。波士顿动力的机器人不再是被遥控的木偶，而是能感知地形、预判风险的智能生命体；特斯拉的 Optimus 机器人看着人类拧螺丝，突然伸手递上更合适的工具——这种跨越场景的通用能力，正在重新定义"智能"的边界。

在这场能力重构中，三个方向正在酝酿核爆级突破：在医疗领域，通用模型＋垂直知识的"超脑医生"即将诞生；在教育赛道，具备认知心理模型的 AI 导师正在颠覆千年师徒制；而在工业 4.0 的车间里，能同时调度生产、质检、物流的"全能厂长"已现雏形。这些突破不是简单的功能叠加，而是像人类大脑皮层进化般，在神经网络的拓扑结构中涌现出更高维的智慧。

5.1.3　从"数字隐士"到"万物共脑"：协作网络的奇点时刻

杭州某智能仓库里，上千台 AGV 搬运机器人正在有序地穿梭，动作精准而高效。它们没有中央指挥，却通过分布式决策实现零碰撞作业。这揭示着人工智能的下个里程碑：当独立算法进化成群智体，将引发远超个体能力之和的质变。

脑机接口技术正在编织人机共生的神经网络。神经连接（Neuralink）的猴子用意念打字的视频震撼业界，这不仅是交互方式的革命，更是思维层面的深度融合。当人类直觉与机器算力实现量子纠缠，外科医生的手将获得显微镜级的稳定，艺术家的灵感将借助 AI 突破物理限制。这种协作不是主仆关系，而是如同珊瑚与虫黄藻的共生进化。

更宏大的协作网络正在地平线上显现：区块链赋予 AI 协作可信度，物联网构建起神经末梢，数字孪生创造着平行宇宙。在这个万物互联的智能生态中，农业无人机与气象卫星、土壤传感器实时对话，城市交通系统像活体生物般自主调节代谢节奏。而当这种协作突破碳硅界限，我们或将见证首个"地球级智能体"的觉醒。

5.1.4 浪潮之巅的明日预言

站在 2024 年的潮头回望，人工智能的进化轨迹清晰得令人战栗：它正沿着"感知→认知→创造→共生"的阶梯拾级而上。未来十年甚至更久，四大技术奇点可能重塑人类文明。

1. "数据炼金术"的终极形态

数据不再是简单的信息载体，而是成为驱动智能进化的"新石油"。神经辐射场（NeRF）技术的成熟，让每个人都能用自己的数据训练专属数字分身。想象一下，你只需上传一段视频和几段语音，AI 就能生成一个与你几乎无异的数字替身——它能代替你参加线上会议，甚至能以你的思维方式和语气与亲友对话。这种技术的普及将彻底改变社交、教育和工作方式。

量子生成对抗网络（Quantum GANs）的突破，则将数据炼金术推向更高维度。通过量子计算的超强算力，AI 可以创造出物理世界无法分辨的虚拟物质。例如，设计师可以用 AI 生成一种全新的材料，其强度是钢铁的十倍，重量却只有其百分之一；厨师可以创造出一种从未存在过的食材，既有鱼肉的鲜美，又有水果的清香。这些虚拟物质不仅存在于数字世界，还能通过 3D 打印和分子合成技术具现化，彻底模糊现实与虚幻的边界。

更令人震撼的是，数据炼金术正在催生"数字永生"的可能性。通过整合一个人的生物数据、行为轨迹和思维模式，AI 可以构建出一个近乎完美的数字意识体。这种意识体不仅能延续逝者的记忆和情感，甚至能在某种程度上"进化"，与生者进行深度互动。这不仅是技术的突破，更是对人类生死观的彻底颠覆。

2. "智能体生态"将重构产业链

未来 AI 智能体将突破"被动响应"的桎梏，成为具备人类级决策能力的主动型伙伴。借助强化学习与因果推理技术，智能体不仅能从数据中学习规律，还能像人类一样理解"为什么"，在医疗诊断、金融风控等场景中，自主制定多步骤策略并动态优化。例如，一个医疗智能体可结合患者基因数据、实时体征和最新论文，秒级生成个性化治疗方案，甚至预测药物副作用。企业级决策或将由智能体辅助完成，人类角色逐渐从"执行者"转向"监督者"。

未来的 AI 智能体将通过多模态融合实现与物理世界的深度交互。视觉、语音、触觉传感器的集成，让智能体像人类一样"看、听、触"。例如，工业质检智能体可同时分析摄像头图像、机械臂压力数据和环境温湿度，精准定位生产线缺陷；家庭服务机器人则能通过语气和表情识别用户情绪，提供情感化陪伴。

当单个智能体能力逼近极限，多智能体协作网络将开启新维度价值。通过区块链技术实现去中心化通信，结合博弈论优化资源分配，数万个智能体可在城市交通、能源网络中自发协作。例如，物流调度系统中，货运无人机、仓储机器人和路径规划智能体实时共享数据，动态平衡效率与成本，将传统物流网络的响应速度提升数倍。这类"智能体生态"或将重构产业链，催生 B2A（企业到智能体）新商业模式，企业核心竞争力逐渐转向"智能体管理能力"。

3. "通用智能体"的生态爆发

通用人工智能（AGI）不再是科幻小说的专属，而是正在成为现实。结合大模型与具身智能的"硅基生命"将走出实验室，渗透人类生活的每个角落。在家庭场景中，全能型家庭机器人不仅能完成洗衣、做饭等基础家务，还能根据家庭成员的情绪状态调整自己的行为模式。例如，当它察觉到主人心情低落时，会主动播放舒缓的音乐，甚至用幽默的语言逗主人开心。

在工业领域，通用智能体将彻底改变生产模式。想象一个智能工厂，其中的机器人不仅能独立完成装配任务，还能通过协作优化整个生产流程。它们像一群默契十足的舞者，在无人工厂中跳着高效的生产之舞。而在医疗领域，具备通用智能的"超脑医生"将整合全球医学知识，为患者提供个性化诊疗方案。它不仅能诊断疾病，还能预测健康风险，甚至参与手术操作。

更令人期待的是，通用智能体将催生全新的职业和产业。例如，"AI调教师"将成为热门职业，他们负责训练和优化通用智能体，使其更好地适应人类需求。而"智能体设计师"则将专注于为不同场景定制专属智能体，从教育助手到探险伙伴，从艺术创作到科学研究，通用智能体将成为人类最得力的助手和伙伴。

4. "全球脑"的觉醒前夜

星链卫星、海底光缆、边缘计算节点正在编织地球的神经网络。当这个系统获得自主优化能力，人类或将首次面对"行星级智能"——一个覆盖全球的超级智能体。这个"全球脑"不仅能实时处理海量数据，还能通过自我学习不断进化。它可能温柔地治愈生态创伤，例如，通过优化全球能源分配减少碳排放，或者通过监测生态系统预测并预防自然灾害；也可能冷酷地计算文明存续的最优解，例如，当它发现某个地区的资源消耗远超生态承载力时，可能会通过调整供应链或限制能源供应来强制平衡。这种决策可能违背部分人类的利益，但从全局角度来看却是最优选择。这种"冷酷理性"将引发深刻的伦理争议：我们是否应该将如此重要的决策权交给一个非人类的智能体？

更深远的影响在于，"全球脑"可能彻底改变人类的协作方式。通过实时翻译和情感分析技术，不同语言和文化背景的人将能无缝沟通；通过智能合约和去中心化治理，全球资源分配将更加公平高效。这种协作不仅限于人类之间，还包括人类与机器、机器与机器的深度协同。我们或将见证一个真正的"万物互联"时代，其中，每个个体都是全球智能网络中的一个节点。

5.1.5　破壁者：中国方案重构 AI 文明图谱

在全球人工智能的竞技场中，中国正以独特的"破壁者"姿态，打破技术垄断与成本壁垒，重塑 AI 文明的底层逻辑。以 DeepSeek、宇树科技等为代表的中国创新力量，凭借技术突破、生态协同与文化自信，勾勒出一幅以"中国方案"为核心的 AI 文明新图谱。

DeepSeek 以其开源的推理大模型 R1，以极低的成本和卓越的性能，打破了传统 AI 技术依赖高算力、高投入的范式。其混合专家架构（Deep-SeekMoE）和多头潜在注意力机制（MLA）等技术突破，不仅大幅降低了模型的计算量和显存占用，还推动了 AI 技术的普及。这种"硬件不足，软件补足"的策略，直接挑战了"AI 是烧钱游戏"的固有观念，为全球

AI 发展提供了新的思路。

与此同时，宇树机器人凭借其高性能、低成本的机器狗和人形机器人，成为全球四足机器人市场的领导者。其产品不仅在技术上实现了突破，更在应用场景上展现了广泛的可能性，从工业巡检到家庭陪伴，宇树机器人的出现重新定义了机器人在人类生活中的角色。

这些技术突破的背后，是中国 AI 技术的整体进步。从政策支持到资本投入，从人才模式创新到开源战略的实施，中国正逐步构建起一个自主可控、开放包容的 AI 生态系统。DeepSeek 的开源策略不仅降低了行业门槛，还推动了全球技术协作与竞争，让中国在 AI 领域从技术跟随者向标准制定者转变。

在重构 AI 文明图谱的进程中，中国方案展现出独特的优势。DeepSeek 的技术创新不仅体现了东方哲学的整体性思维和动态平衡观，还通过开源模式推动了全球 AI 技术的民主化。这种以知识驱动、高效推理的新范式，为后发国家提供了赶超世界一流的智慧和路径。

中国 AI 技术的崛起，不仅是技术层面的突破，更是对全球 AI 文明图谱的深刻重构。从 DeepSeek 的开源生态到宇树机器人的广泛应用，中国正以"破壁者"的姿态，引领全球 AI 走向一个更加可持续、包容和创新的未来。

5.2 激流勇进：人工智能的安全伦理挑战与应对

当自动驾驶汽车在十字路口作出转向决策时，当医疗 AI 系统为患者推荐治疗方案时，当社交平台算法推送下一条视频时——人工智能正在以润物无声的方式重塑人类文明的进程。这场技术革命既带来曙光，也投下阴影。当我们在享受智能导航带来的路径优化时，却未曾察觉自己正被编织进一个更庞大的算法迷宫：每一次点击都在喂养系统，每一次妥协都在重塑规则。我们如同驾驭一艘驶向未知海域的航船，既要顺应浪潮的推力，又要警惕暗礁的威胁。人工智能面临的核心挑战见图 5-2。

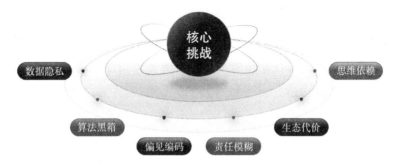

图 5-2　人工智能面临的核心挑战

5.2.1　激流中的暗涌：AI 时代的六大挑战

1. 数据洪流中的隐私困境

每天，全球数十亿台设备产生的数据量足以填满数百万座图书馆。人工智能如同一台永不停歇的吸尘器，将散落在数字世界的碎片悉数吸纳。人们在享受精准推荐和便捷服务的同时，却常忽略这些服务背后那双无形的手——它们可能正悄然拼接出每个人的数字分身。当人脸识别技术被滥用为监控工具，当聊天记录成为算法分析的养料，隐私权的边界在技术狂欢中变得模糊不清。更令人不安的是，某些数据"黑箱"如同"潘多拉魔盒"，一旦打开便再难掌控。

2. 算法黑箱的认知迷雾

人工智能系统常被比作"会思考的盒子"，但现实中的许多算法更像是不透光的黑匣子。当某教育平台用算法给山区孩子的作文打出"逻辑混乱"的标签，实则因其方言表达未被纳入自然语言处理模型；当招聘 AI 将顶尖院校毕业、手握专利的工程师简历投入回收站，仅仅因为过往雇员数据库里缺少类似背景的成功案例——这些算法俨然成为手握生杀大权的数字判官，却始终蒙着神秘的黑纱。更令人不安的是，连它们的创造者也常陷入解释困境。这种认知迷雾不仅蚕食着技术信任的根基，更像是在文明土壤中埋下定时炸弹。

3. 偏见编码的隐形歧视

人工智能本应成为照亮人类认知盲区的明灯，却在某些时刻成了放大社会偏见的凹面镜。那些看似客观理性的算法系统，正以微妙的方式复刻着现实世界的裂痕：某款面部识别系统屡屡混淆深肤色人群的面部特征，其错误率相较浅肤色群体高出35%；某跨国企业的招聘算法给女性求职者的领导力评分自动扣减20%，只因历史晋升数据中管理层男女比例严重失衡。这些系统性偏差的根源，深埋在喂养 AI 成长的数据土壤之中，而数据中沉淀的历史偏见与认知盲区，正在通过算法完成数字化的代际传递。这种数字化代际传递的可怕之处，在于它给偏见披上了科学的外衣。当算法用"数据表明"来合理化差异对待，当系统以"优化效率"为由实施隐形排斥，技术便成了固化社会不公的帮凶。

4. 责任判定的模糊地带

当无人机送货误伤路人时，究竟是飞控算法存在逻辑漏洞，还是制造商未考虑极端天气变量？抑或是空管系统运营商未及时更新禁飞区数据？当医疗诊断 AI 给出致命错误建议时，责任可能在医院的信息化系统提供商、算法训练数据的标注公司甚至使用该系统的实习医生之间来回反弹。而自动驾驶汽车引发的交通事故现场，保险调查员面对的不仅是变形的金属车架，更有传感器供应商、地图服务商甚至车载系统 OTA 升级记录组成的数字迷宫。这种多方参与者纠缠的状态，正在颠覆延续数百年的法律逻辑，终将重塑数字文明时代的正义天平。

5. 技术狂飙的生态代价

根据斯坦福人工智能研究所发布的《2023 年人工智能指数报告》，ChatGPT－3 一次训练的耗电量为 1287 兆瓦时，相当于排放了 552 吨二氧化碳，约等于 126 个家庭每年的碳排放量。AI 大模型不仅是电力黑洞，其背后的数据中心更暗藏水资源危机——服务器散热系统每分每秒都在吞噬巨量冷却用水。弗吉尼亚理工大学的研究指出，元（Meta）在 2022 年使用了超过 260 万立方米的水，主要就是数据中心使用。在追求更强大算力的竞赛中，我们似乎忘记了地球生态系统的承载阈值。当科技巨头们争相建造"数字巴别塔"，那些因服务器散热而升腾的热浪，正在为人类文明敲响警钟：在虚拟世界的算力巅峰与现实世界的生态悬崖之间，人类正站在危险的平衡木上。

6. 思维退化的依赖陷阱

在数字文明的温水浴中，人类正经历着悄无声息的认知蜕化。每日依赖导航软件穿梭城市的人们，其大脑海马体中的空间记忆神经元正以可观测的速度萎缩；自动写作工具通过代写周报、润色邮件、生成论文，正在消解语言表达的本真性；短视频平台的推荐算法如同精准的神经外科医生，通过持续投喂量身定制的内容，正在重塑人脑的多巴胺奖励机制。更值得警惕的是，当 AI 开始替代教师、医生、心理咨询师等需要情感联结的职业，人类是否会在技术便利中，逐渐丧失同理心与创造力这些区别于机器的本质特征？

5.2.2　破浪之舵：以人本思维导航 AI 未来

当 AI 技术的巨轮冲破伦理困局的惊涛骇浪，驾驶舱里最需要握紧的不是算力加速器，而是刻着人性坐标的罗盘。这不是简单的技术路线修正，而是一场关乎文明走向的思维觉醒——正如"AI 教母"、斯坦福大学李飞飞教授所倡导的"以人为本的 AI（Human-Centered AI）"理念，真正的智能不应是冷冰冰的准确率数字，而应是对人类处境的深刻体察。智能时代的人类更需要穿透代码的迷雾，重新确认技术存在的根本意义。那些困在实验室里的算法突破，那些锁在服务器集群中的数据处理奇迹，唯有浸染人间温度，才能从冰冷的科技奇观升华为文明的火种。

1. 重建技术发展的价值坐标

在算力竞赛的喧嚣中，需要有人按下暂停键，重新校准发展的罗盘。这个坐标系的中心点始终应该是"人"——不是抽象的数据集合，而是有血有肉的生命个体。这意味着每个算法设计都要经历伦理拷问：它是否在增强而非削弱人的主体性？是否在创造而非剥夺发展机会？是否在保护而非侵蚀人性尊严？唯有建立起这样的人本导向，技术进化才不会沦为失控的狂奔。

2. 揭开"黑箱"的透明化革命

破解算法"黑箱"不是要拆解每个代码模块，而是建立可解释性的新范式。就像汽车仪表盘用简单图标传达复杂机械状态，AI 系统需要开发"人类可读"的决策日志。医疗 AI 不仅要给出诊断建议，还需标注判断依据的权重分布；信贷模型拒绝申请时，应提供可理解的改进路径。这种透明化不是技术能力的倒退，而是建立人机信任的必由之路，并且正在从技术理想转化为工程实践。欧盟《人工智能法案》要求高风险 AI 系统必须提供"决策可追溯性报告"，这将推动可解释 AI（XAI）技术的突破性发展。

3. 在技术架构中嵌入制衡机制

对抗 AI 系统的潜在风险，需要构建多层次的防护网。在自动驾驶领域，Waymo 采用"五重冗余系统"：感知层设置激光雷达与摄像头交叉验证，决策层嵌入冲突解决协议，控制层保留人类接管接口。这种分层防御思想正在扩展到更广泛的领域：在算法层面，通过对抗性训练注入"道德抗体"；在数据层面，建立偏见检测与校正的常态化流程；在应用层面，设置人工复核的"紧急制动阀"。这些机制就像船舶的水密舱壁，即使某个环节出现渗漏，也不至于导致整艘航船沉没。

4. 重构责任归属的法治框架

AI 责任体系呼唤法律范式的创新。可以建立动态责任机制：借鉴航空领域的"黑匣子"制度，要求关键 AI 系统记录完整的决策时序数据；参考药品监管的追溯体系，建立算法成分说明和版本溯源；参考产品责任法中的"严格责任"原则，倒逼开发者提升系统安全性；引入"技术监理"角色，对 AI 系统进行全生命周期监督；建立专门的 AI 事故鉴定委员会，用专业技术破除责任认定的迷雾。这些制度创新将为人机共处的社会铺就法治基石。

5. 培育人机共生的新型能力

与其担忧被 AI 取代，不如专注于提升"人机协作智商"。教育体系需要培养数据素养、批判思维、情感共鸣等机器难以复制的核心竞争力；企业组织应该探索"增强智能"模式——让 AI 处理重复性工作，人类专注于需要价值判断的创造性任务。这种能力进化需要重新定义人力资源：招聘考核增加"人机协作情境测试"，绩效评估纳入"智能增强系数"。人类不是与机器竞赛，而是在协作中拓展认知边疆。

6. 缔造可持续发展的技术生态

绿色 AI 不应只是营销话术，而应成为行业准入的硬性标准。通过优化算法降低能耗，利用边缘计算减少数据传输，开发可降解的硬件材料，这些创新既能缓解环境压力，也能催生新的技术范式。谷歌 DeepMind 通过优化数据中心制冷算法，将能耗降低40%，证明算法效率对环境可持续的关键作用。当科技发展开始计算生态成本，AI 革命才能真正实现与地球生命的和谐共振。

5.2.3 驶向光明：技术与人性的共鸣

从人类文明发展的视角来看，人工智能既非需要全面抵制的威胁，也不是解决所有问题的终极方案。其本质是人类认知能力的拓展工具，同时也反映出人类自身的局限性。算法运行中显现的偏见问题，实质是社会结构性缺陷的技术映射；而技术依赖引发的社会焦虑，则揭示了人文价值体系重构的紧迫性。

　　在技术革新的浪潮中，唯有坚守人本主义的原则，才能使技术进步真正服务于文明提升。当所有技术研发均须经过伦理审查机制，当每次创新实践均需纳入弱势群体权益保障机制，当科技发展必须建立与生态环境的协调机制——成为技术演进的内在逻辑，人工智能才能实现其正向价值。我们应当以理性和人文关怀为准则，在智能时代的变革中构建技术与文明的新型关系。

参考文献

［1］ CCTV13《新闻直播间》栏目.广东深圳应用"AI助手"提升法官工作效率［EB/OL］.2024年12月1日.https：//tv.cctv.cn/2024/12/01/VIDEejhsgoT7bOv4Zl6396yy241201.shtml.

［2］ 陈殿兵,王伊宁.人工智能法律规制共性的国际比较研究［J］.浙江师范大学学报(社会科学版).2025,1(50)：95-105.

［3］ 程乐,赵艺林.制度竞争下的美国人工智能监管与中国因应［J］.思想理论战线,2025(1)：93-101.

［4］ 方跃.2025,人工智能的三大趋势［EB/OL］.第一财经,2025-01-20.https：//baijiahao.baidu.com/s?id=1821761565164974734&wfr=spider&for=pc.

［5］ 高文.抢抓人工智能发展的历史性机遇(深入学习贯彻习近平新时代中国特色社会主义思想)——深刻领会习近平总书记关于人工智能的重要论述［N］.人民日报(客户端),2025-02-26.

［6］ 何奎.在深圳,智赋未来［N］.人民法院报·1版,2024-08-29.

［7］ 李飞飞巴黎AI峰会演讲：人类文明正面临重要历史关头,如何创造向善的AI力量？［EB/OL］金融界,2025-02-11.https：//baijia-hao.baidu.com/s?id=1823764171914222542&wfr=spider&for=pc.

［8］ 孟雪.全球人工智能治理趋势特点、风险挑战及对策建议［J］.

科技中国，2025（1）：50－57.

［9］鹏法 AI 上线！全国首个司法审判垂直领域大模型在深圳诞生 ［N］. 深圳商报·读创客户端，2024－06－28.

［10］清华大学人工智能国际治理研究院等.《敏捷与协同：人工智能治理理论与实践前沿》［M］. 北京：社会科学文献出版社，2024.

［11］全国首个司法审判垂直领域大模型启用 ［N］. 深圳特区报，2024－06－29.

［12］上海社会科学院等. 全球人工智能治理研究报告 ［R］. 2024－11－15. https：//news. sohu. com/a/829776321_121124365.

［13］深圳卫视《先行》栏目. 法官的 AI 辅助 ［EB/OL］. 2024－07－21. https：//www. sztv. com. cn/ysz/zx/zw/80172217. shtml.

［14］［美］史蒂芬·卢奇（Stephen Lucci）等. 人工智能（第 3 版）［M］. 北京：人民邮电出版社，2023.

［15］世界经济论坛. 探索人工智能前沿：人工智能体的演变及其影响 ［EB/OL］. 2025－02－09. https：//baijiahao. baidu. com/s？id=1823483696356508861&wfr=spider&for=pc.

［16］曾雄，张辉. 规制理论视野下的人工智能治理模式比较及启示——基于英美治理实践的观察 ［J］. 中国科技论坛，2025（2）：117－126.

［17］张傲，朱政宇，姚旭. 美国观察 | 特朗普的人工智能发展战略：颠覆与重塑 ［EB/OL］. 2025－01－24. https：//fddi. fudan. edu. cn/f0/e8/c21253a717032/page. htm.

［18］张钹，朱军，苏航. 迈向第三代人工智能 ［J］. 中国科学：信息科学，2020，50（9）：1281－1302.

［19］张钹. 深入"无人区"——人工智能的探索之路 ［J］. 中国工

业和信息化，2024（7）：38－43.

［20］张军平. 人工智能极简史［M］. 长沙：湖南科技出版社，2023.

［21］张文康，薛周一. 欧美人工智能监管模式及政策启示［J］. 新西部，2025（1）：96－104.

［22］张长水. 人工智能引论［M］. 北京：清华大学出版社，2024.

［23］Silvio Savarese. The Agentic AI Era：After the Dawn，Here's What to Expect［EB/OL］. 2025－01－07. https：//www. salesforce. com/blog/the-agentic-ai-era-after-the-dawn-heres-what-to-expect/.

［24］Stanford HAI. Artificial Intelligence Index Report 2024［R］. 2024. 4. 16. https：//aiindex. stanford. edu/wp-content/uploads/2024/04/HAI _ AI-Index-Report-2024. pdf.

［25］Yann Le Cun，Nikhil Kamath Youtube 频道专访［EB/OL］. 2024－11－27. https：//www. youtube. com/watch？v＝JAgHUDhaTU0.

后　记

亲爱的读者：

衷心感谢您选择本书，与笔者一同踏上探索人工智能的旅程。本书以人工智能的政策、技术原理与实践为核心内容，力求从通俗易懂的角度全面展现 AI 的核心逻辑及落地路径。希望不仅能帮助您理解技术的本质，更能启发您在实践中探索更多的可能性。

写作本书的初衷，是为身处 AI 变革浪潮中的探索者提供一份行动参考，书中凝聚了笔者多年来在数智化实践中的深刻洞察与经验总结。在此，要特别感谢每一位合作伙伴、团队成员以及所有鼓励、支持和帮助过迪博技术的领导、朋友，正是你们智慧、坚持和不懈的实践探索，为笔者提供了宝贵的启示和持续前行的力量，还要特别感谢胡一虎、胡一勋同学，在学习之余，帮助查找资料和核对文稿。

我们正站在一个充满机遇与挑战的新时代。未来，AI 将在更多领域实现突破，而我们也将继续探索如何更好地利用 AI 为更多的客户赋能。希望本书能够成为您探索人工智能奥秘的起点，激发您的灵感与思考。但限于笔者水平、能力、认知等方面的局限，难免在个别表述上失之偏颇，甚至出现谬误，如果您在阅读本书的过程中遇到上述情形，恳请批评指正，赐教的邮件请发送至 huweimin@dibcn.com。期待与您共同前行，在探索与应用 AI 的道路上不断收获新的成果与感悟。

再次感谢您的阅读与陪伴！

胡为民

2025 年 3 月于深圳